U0128356

哇！
原來這是
性別與科技!?

主編・蔡麗玲

《推薦序❶》

—— 吳秀貞 · 行政院性別平等處處長

看見性別，讓科技更有溫度

環境、能源與科技領域是推動性別平等相當重要卻十分艱困的領域，傳統角色的性別分工及性別刻板印象，讓女性在此領域居於少數，不論在就學或就業方面，性別隔離都相當明顯，尤其是提升女性擔任科技領域的決策層級更是推動性別平等的一級戰區。近年來在性別主流化的國際趨勢帶領下，各項重要國際人權公約及國際組織如聯合國、APEC 等相關會議，已將性別平等列為各領域應重視及共同實踐的目標，因此，科技研究及發展需能運用性別分析，關注不同性別的需求及差異，「科技始終來自於人性」才可能實現。

本書主編蔡麗玲老師長期深耕性別與科技研究，引進史丹福大學性別化創新方法，協助公部門同仁研擬具性別觀點的科技政策，並致力推廣國內學者及業者推動科技產業研發，為我國性別與科技發展奠定良好基礎。現更進一步加值運用多年來性別與科技研究計畫成果，從科技物、性別友善空間、職場、健康與醫療、醫學教育、科技與性別教育、家庭與照顧、法律與多元族群權益等層面，精選彙集 42 篇貼近生活案例，轉換成輕鬆易讀的科普文

章，帶領大家看見生活中容易忽略的性別議題，發現原來性別就在你我身邊，值得讀者一起來關心。

　　本書收錄的案例非常豐富，如「我該買一隻智慧手錶、來讓自己更願意運動嗎？」、「落實性別隱私設計的醫院就診服務」，讓我們看見不同性別在行為及服務需求的差異；「家庭照顧不受傷，移轉位輔具學問大」，提醒我們注意在高齡社會中，女性擔任照顧工作面臨更容易受傷的風險；「落實高齡友善環境：讓鄉村長者能自由移動」，關心社會應打造性別友善空間及交通設計，讓長輩能行動無礙樂於參與各種社會活動。

　　閱讀本書可以幫助讀者快速地打開科技的性平之眼，除藉由觀察生理及社會性別的影響，拉近了科技與人的距離之外，也提醒每一個人在生活中實踐性別平等，提升社會集體幸福感，本書非常推薦給熱愛科技及用心生活的您！

《推薦序❷》

──── 林敏聰 · 科技部政務次長

　　性別平權是台灣社會的核心價值之一，但是無論在文化、社會等不同層面的落實還是有很大的進步空間。尤其在「性別與科技」的議題，不僅因為許多科技領域在職涯發展或就業情況仍有不小的性別差異，更因為許多人不一定了解科技與社會（STS, Science, Technology and Society）理解下的性別與科技議題的複雜度、性別平權與科技議題的連結，尤其是在其隱形的深層結構與觀念等因素的理解，仍需要長期的研究與耕耘。

　　科技部為推動科研領域的性別主流化，自 2007 年起規劃了「性別與科技研究計畫」，目的在增進科技領域之性別相關議題研究，不僅關注婦女或男女兩性議題，更涵蓋多元性別族群與權益的重視，鼓勵科技研究的創新發展。本書由國立高雄師範大學蔡麗玲教授主編，從「性別與科技研究計畫」於 2007 年至 2017 年間所積累 4 百餘件計畫的成果報告當中，特別輯選出 42 篇研究成果，並邀請計畫主持人以淺顯易懂的方式改寫，期待透過學術成果科普化，提升一般公眾與眾多科技人對於性別與科技的認識，並促進更多對於性別議題的參與及討論。蔡教授主編的這本書涵蓋了科技物、性別友善空間、職場、健康與醫療、醫學教育、科技與性別教育、

家庭與照顧、法律與多元族群權益等八個面向。因為有長期的專業研究內容作為基礎以及科普淺顯的寫法，的確可以令讀者驚嘆地在「哇！」聲中，認識到更活潑與深層的「性別與科技」。

　　近年來，科技部也積極地全面檢視現行措施，並諮詢各領域學者專家意見後，分別規劃從友善環境、組織機制、科普宣導、跨界合作等幾個面向來持續精進。例如重視年輕的科研人員面臨家庭育兒與科技工作的雙重挑戰，逐步推動額外研究人力奧援及申請時程的彈性。未來，科技部仍將持續致力透過多項支持措施落實併行，結合性別與科技研究的能量並強化科普推廣，落實一個性別平權友善的科研生態環境。

《推薦序❸》

—— 黃淑玲 · 國防醫學院通識教育中心教授
現任行政院性別平等會委員

　　關於「性別與科技專題研究計畫」的設置源起，我與蔡麗玲
教授曾參與催生。謝謝麗玲邀請我為本書寫序，藉此記錄台灣亮麗
的婦女運動史上，我們曾播下一顆種子，經過十多年灌溉，各學
門紛紛長出一些豐碩的研究果實。如何推廣與善用這些新知識呢？
本書將之改寫為趣味盎然、淺顯易懂的科普短文，無疑是一項絕
佳策略，為研究社群與普羅大眾建立溝通橋樑，可說意義非凡。

　　2005年我擔任台灣女性學學會理事長，理監事決議催促國科
會實施性別主流化方案。當時國科會資源分配的性別比例極不平
均，以2005年專題研究計畫為例，女性研究人員補助金額只佔工
程處5%、自然處9%。透過國科會人文處處長陳東升的協助，我
與蔡麗玲、范銘如兩位女學會理事，以及行政院婦女權益促進委
員會(婦權會)陳來紅委員、吳嘉麗考試院委員一同拜會當時的吳
茂昆主委，促請國科會重視懷孕與育嬰的女性研究員的權益，以
及培養理工醫科女性研究人才等措施。2006年我代表女學會擔任
婦權會的委員，提案促請國科會的自然處、工程處、生物處、科
教處，每年提出科學與性別相關之專題研究計畫，以提高女性研
究人才在理工相關領域的參與率。2007年3月我又以婦權會委員

身分與蔡教授到國科會的主管會議以「國科會推動性別主流化應該做些甚麼」為題進行演講，由陳建仁主委主持，我們特別強調應設立科學與性別相關之研究計畫，厚植女性研究人才。2007 年6 月國科會即創立「性別與科技專題研究計畫」；出人意表，人文處亦提供經費，鼓勵人文與理工跨學門對話，從人文社會視野探索科研領域的性別議題。

　　史丹佛大學女性主義科學史家 Londa Schiebinger 提出理工領域的性別改革需要突破的三個面向：修正女性數量、修正機構、修正知識。「修正女性數量」即提高科技中女性人數。例如，本書中「從性別觀點檢視資訊科技業的『公』程師文化」一文指出台灣資訊科技產業中男女比約為 4：1，研究發現需扭轉「電腦等於宅男、宅男等於專業」的『公』程師文化，才能讓更多女性走進這行業，此即「修正女性數量」。「修正機構」的目標是突破科技界以男性為中心的各種文化、制度與規則。例如，「高科技產業主管對部屬升遷有性別偏好嗎？」一文的研究發現，性別刻板印象是台灣科技業女性升遷的阻礙，建議企業應教育主管具有性別平等概念，此乃「修正機構」的案例。本書收錄女性健康、

醫療、醫學教育等多篇研究較多為「修正機構」，揭露許多沉痾已久的問題，亦提出相當多的實務建議，可供政府、大學、企業與研究機構進行改革之參考依據。

　　「修正知識」強調將性別分析納入科學研究，進行科學知識典範的革命性轉移，以活化科學知識生產過程，擺脫「科學性別中立」、「醫學性別中立」等傳統舊框迷思，此即為 Schiebinger 教授、蔡教授等人多年來倡議的「性別化創新」之概念。期待蔡教授 2.0 版的性別科普書籍收錄更多「修正知識」的研究案例。亦盼科技部將「性別與科技」升級為國家前瞻重點研究，加速台灣 STEMM (Science, Technology, Engineering, Math and Medicine) 領域的性別平等與性別研究，為傲視國際的台灣性別平等地圖，補上不可或缺的重要板塊。

《編者序》

—— 蔡麗玲 · 國立高雄師範大學性別教育研究所教授

哇！終於成書了！我也來模仿書名讚嘆一聲「哇」。

本書集結了 42 件科技部「性別與科技研究計畫」的成果，且多數由執行計畫的學者本人將其學術性的成果報告改寫成淺顯易懂的科普文；也就是將原本學術象牙塔中束之高閣的論文，轉變成一般人也會感到興味盎然的有趣文字。如此「接地氣」的作法，是難得一見的創舉，意義非凡。

「性別與科技」著重在科技研究中納入性別平等觀點，是國際上正蓬勃發展的永續目標之一。在台灣，其尚屬新興的學術研究領域。2005-2006 年間，我有幸參與推動科技部性別主流化，促成 2007 年科技部開始徵求「性別與科技研究計畫」至今。該類計畫號召各領域學者運用其學術專長進行性別相關研究，目前（至 110 年度）已經累計超過五百件。

這些研究的主題相當有趣，研究發現亦具有高度應用性。因此，若只是以學術文字供學界運用，一般人卻無法得知，將會非常可惜。因此，本人動念將這些成果以科普方式推廣，從 2007-2017 年（96-106 年度）四百多件已公開成果的計畫中，試行挑選第一批共 42 件計畫，邀請學者自行動筆、或請寫手改寫，透過輕鬆活

潑的語調、以報導形式來簡介其研究發現中有趣的亮點。故此，本書性質自不同於正式學術論文發表。

另外，此類計畫雖名為「性別與科技」，但不限於科技領域學者才能申請。因此 42 篇文章中，亦有人文、社科、法律或教育等領域學者的貢獻。本人根據其性質，再約略分為科技物、性別友善空間、職場、健康與醫療、醫學教育、科技與性別教育、家庭與照顧、法律與多元族群權益等八類。文章議題非常多元，有助於新進學者發想未來研究主題；而對學校的教師與青年而言，此書亦是不可多得的課外參考書籍。

本書能成書，首當感謝科技部規劃推動計畫的支持，以及各位作者玉成，並於編輯期間忍受我們不斷打擾。而本書編輯過程中，亦特別仰賴國立中山大學行銷傳播管理研究所蕭蘋教授的參與及指導。不管在選文、審查、或各級編輯會議中，蕭教授都有卓越貢獻。本人在此先行致謝。除此之外，亦感謝匿名審查人對各作者科普寫作的建議，以及編輯團隊張雅涵、謝佳玟的用心與投入。最後，特別感謝三位長官及教授好友應允執筆推薦。本書文責由編者及作者自負。

《目錄》

哇!原來這是性別與科技?!

▌導讀▐

▌科技物▐

▋ 性別友善空間 ▋

▋ 職場 ▋

▋ 健康與醫療 ▋

▋ 醫學教育 ▋

▌科技與性別教育▐

哇！原來這是性別與科技!?

Gender, Science & Technology

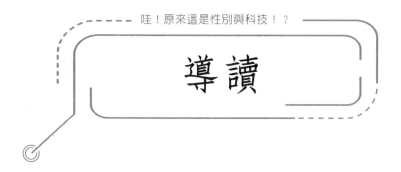

哇！原來這是性別與科技！？

導讀

性別與科技二三事

蔡麗玲 · 國立高雄師範大學性別教育研究所教授

關於此文

　　這是一本「性別與科技」的科普書，期望讀者能以較輕鬆的方式接收性別與科技新知。因此我也試著用平易近人的文字來導讀這本書，向讀者簡介關於性別與科技的二三事，並從我的個人經歷說起。

　　西元 1990 年我從物理研究所畢業、進入科技研究機構服務後，學校及職場的經驗讓我開始關注性別議題。1999 年我負笈出國留學，即以「性別與科技」作為我的博士研究領域。

　　在當年，科技領域被認為中立客觀，一般人很難想像它與性別有何關連，頂多是觀察到科技領域女性人數偏少或極少，因而好奇此現象背後的原因。後來竟然有些學者試圖以腦功能或「天生」的性別差異來解釋這個現象；這不僅是一種倒果為因的見解，也等於用生物決定論來鞏固男性（女性）天生（不）適合理工科技的偏見[1]。

　　在我研讀的文獻中，早就對這類論調有所批評（雖然 2005 年哈佛大學校長因為類似論調而下台[2]，但其影響層面仍不夠廣，以至於許多人至今仍有如此偏見），故性別研究學者轉而質問：科技相關的教育現場、

---

1. 蔡麗玲（2004）。性別中立？談科學裡的性別。婦研縱橫季刊，**70**，23-27。
2. 蔡麗玲（2008）。「男女大不同」是科學抑或信仰？。性別平等教育季刊，**42**，33-47。

工作職場中，究竟「發生哪些事」，以至於造成女性對科技的興趣遞減（所謂「管漏現象」）、或無法認同科技職場，因而存留人數不如男性？

這類關注「人」的相關研究，就屬於我的領域必讀的美國學者 Sandra Harding 所謂「科學領域中的女人問題」，亦是另一學者 Londa Schiebinger 所謂「修正數量」及「修正機構」目標所關注的議題。也就是說，科技如果完全客觀中立，為何讓女性人數成為弱勢？人生各階段的學習機構、就業機構、科研資助機構中，其主導作為及機構文化是否符合性別平等精神？這類提問及研究從六零年代至今，都仍是各科技領域關注的「女力」議題。

除此之外，學者的關注焦點亦擴及探問「知識」本身是否性別平等；意即學術界生產的各種知識會否以客觀中立之姿、卻在不知不覺間傳遞著性別偏見或再製性別歧視？例如早期關於精卵結合的陳述符應了人類社會男主動、女被動的童話想像、關於靈長類社群的敘述又過度類同父權社會男性宰制、一夫多妻的圖像。這種關注知識效應的研究，即是 Harding 所謂的「女性主義的科學問題」及 Schiebinger 所稱「修正知識」的目標[3]。

本（21）世紀開始，關於知識的關注漸漸有了新的方向。其中之一即是著名的「性別化創新」[4]（Gendered Innovations）。簡而言之，性別化創新即是將性別觀點與性別分析納入科技研發中，試圖創新出更符合性別平等精神的新科技。透過新科技促成人類性別關係更加和諧，亦能順應聯合國永續發展目標 SDGs。

---

[3] 蔡麗玲、吳嘉苓、王秀雲（2018）。性別與科技。載於黃淑玲、游美惠（主編），性別向度與台灣社會（第三版）（頁 297-318）。高雄市：巨流。

本書集結的文章來自科技部「性別與科技研究計畫」成果。該類計畫徵求各領域學者運用其學術專長進行性別相關研究，雖然各學者的性別觀點各有不同，但在某種意義上，這類計畫即是一種「知識」的創新，即「性別化創新」。而在學者們選定的研究主題中，又常見到關注教育或職場中的性別經驗，此類研究即是關注「人」（含機構）的研究。本書 42 篇文章主題雖多元，但皆屬本文所提「人」或「知識」類別研究，讀者皆可在此書中找到與前述脈絡對應的主題，亦能據此快速掌握「性別與科技」此一領域的發展。

● 讀者若對於「性別化創新」有興趣，可以掃描以下二維碼，進入「性別化創新中文網」（學術案例）以及臉書粉絲專頁「科科性別」（推廣短文），檢視最新的有趣主題。

性別化創新中文網　　FB 科科性別

4. 蔡麗玲（2020）。性別化創新作為科技性別主流化新技術。高雄市：巨流。

哇！原來這是性別與科技！？

1 科技物

我該買一隻智慧手錶、
來讓自己更願意運動嗎？

詹雅嵐・亞洲大學經營管理學系助理教授

▎關於此文

這篇文章介紹了由亞洲大學經營管理學系詹雅嵐助理教授所主持的科技部 104 年度性別與科技研究計畫「結合行動智慧科技提升女大學生體適能與自主運動習慣－創新教學方式、環境規劃與服務設計」之研究成果。

　　相較於歐美國家，國人的運動習慣並不普遍。近年來政府推動全民運動不遺餘力，整體運動風氣雖有提升，但進步的空間仍然相當大。國民運動的風氣與學生時代的運動習慣有高度的相關，許多研究都指出，大部分規律運動習慣的養成來自大學生活；我國大專學生規律運動人口比率平均約在 25% 左右，遠較先進國家平均 50%-60% 的比例來得低。無論是一般民眾或大學生，缺少規律運動習慣，長期來說，將對國民健康造成不利的影響，而現況中，我國女性的運動參與態度與行為又較男性更低（楊亮梅、顧毓群，2004；方佩欣、張少熙、蕭玲妃，2013；鄭維欣，2007）[1.2.3]。

1. 楊亮梅、顧毓群（2004）。大學生休閒運動態度量表編製與調查。**體育學報**，**37**，149-161。
2. 方佩欣、張少熙、蕭玲妃（2013）。臺北市運動中心使用者之自覺健康狀態、參與動機、休閒涉入及休閒滿意之相關研究。**臺大體育學報**，**24**，37-48。
3. 鄭維欣（2007）。體育課中的性別差異對女性運動參與的影響。**學校體育**，**103**，57-61。

● 科技可以改變人性？

近年來行動智慧科技的發展，相當程度的改變了人們的運動行為與習慣。自從 2006 年 Nike 推出「Nike + ipod」感測器以來，相關產品與服務大受歡迎。透過這類的產品，我們可以知道自己跑了多少時間、距離、跑步的速度與燃燒的卡路里，並記錄所有數據、可以在網站上看見進步的軌跡與進度，也可以加入社群，讓人們能找到更多的支持者一起運動。相關產品不斷更新，近年來最熱門的是智慧手錶包括 Apple、Garmin、Samsung 等大廠相關產品，其銷售大幅成長。2020 年上半年全球智慧手錶出貨量將近 4200 萬隻，較之 2019 年成長超過 20%。

智慧穿戴裝置讓運動變得更為有趣，有豐富的資訊、更即時的數據回饋；而加入更多社群的功能，也被整合在智慧手機上而能有更多的應用。一個有趣的問題是，這樣的科技，可以改變人性、讓人變得更願意運動嗎？

在教育部的調查中（教育部，2021）[4]，缺乏規律運動者不願意運動的原因，依序為「沒有時間（52.2%）」、「懶得運動（50.5%）」、「沒有興趣（27.2%）」、「工作太累」（25.5%）及「沒有運動同伴（20.1%）」，其中女性回答沒有時間、懶得運動兩個項目的比例又都高於男性；從這樣的調查結果初步看起來，智慧手錶等穿戴裝置的確可能改變「人性」，讓人們變得更有意願，也更有可能持續的運動。另外也有研究指出，女性對科技產品的接受度與使用程度相較於男性是偏低的。因此，女性是否會因為買了智慧手錶而更願意運動，又是另一個有趣的問題。

---

4. 教育部（2021）。**109 年運動現況調查**。教育部體育署委託調查研究報告。臺北：世新大學。

● 為什麼無法養成規律運動的習慣？

為了回答上述問題，本研究團隊以 Ajzen（1991）[5] 所提出的「計畫行為理論」（Theory of Planned Behavior, TPB）為基礎，探討科技如何改變大學生的自主運動行為，也比較了男性和女性間的差異。

行為是一種自我選擇。以運動來說，人們可能願意為了某些理由（健康、身材、興趣、打發時間……等等）而想去運動。關於是否能持續運動，傳統的觀點僅強調個人的恆心、毅力或意志力，而「計畫行為理論」則比較完整的談到三件事情，包括喜歡的程度（行為態度）、身邊親友的支持度（主觀規範）以及行為持續的可行性（知覺行為控制）。

其中，強調身邊親友的支持度是因為每個人身邊的參考團體都會對自己產生有形或無形的正向驅動力或負向壓力，進而影響運動意願。此外，若有設施環境、生活型態之限制，以及覺得未來很難持續運動的自我意志，也會降低個人持之以恆運動的意願（徐永億、許弘毅、李政道，1996）[6]。

所以，如果你／妳本來就對運動有正向的態度、身邊親友也喜歡運動，加上自己覺得保持規律運動是可能的，就能夠形成較高的運動意願，進而養成規律運動的習慣（如圖 1）。

[5.] Ajzen, I. (1991). The theory of planned behavior. *Organizational Behavior and Human Decision Processes, 50,* 179-211.

[6.] 徐永億、許弘毅、李政道（1996）。學生參與規律運動狀況與阻礙因素研究—以南開技術學院為例。人文暨社會科學期刊，**2**（1），31-40。

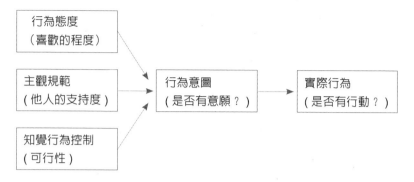

圖 1　計畫行為理念的觀念架構圖（本研究繪圖）

● 科技介入如何改變運動行為？

那麼，戴上智慧手錶之後，人們對於運動的態度、主觀規範與知覺行為控制真的會發生改變嗎？在這個過程中是否會有性別差異？我們針對大學生進行的實證研究顯示出幾個非常有趣的結果。

首先，大學生是否願意運動的意圖受到他人支持度（主觀規範）的影響不大，但受到喜不喜歡（行為態度）與可行性（知覺行為控制）的影響則相當顯著。這可能是因為大學生自主意識較高，對於運動的優缺點也有較清楚的認知，不太會受到親朋好友的影響。因此，如何讓他們相信在現有主客觀條件下自己有能力養成運動習慣，或者讓大學生對運動有更正向的態度，是促其養成規律運動更關鍵的因素。

在這樣的邏輯下，科技導入（戴上智慧手錶）之後，如果能提升使用者對於運動的態度，或者使他們更覺得自己有能力持續運動，當然就可能改變他們的運動行為。

我們亦發現，如果行動穿戴裝置能提供較為即時的資訊回饋，例如運動相關數據能快速傳輸到手機或雲端，使用者在運動後能立即看到自

己各項數據的變化趨勢，將會大幅提高使用者對運動的意願。比較意外的是，可連結其他社群、提供更多的健康資訊項目（例如壓力、心電圖、血氧功能）等這些科技產品常常強調的功能，反而無法有效提升使用者運動的意願。

● 女性和男性運動行為的差異性

關於運動行為的性別差異，本研究發現女大學生每週的運動次數明顯低於男大學生，這個發現和過去的調查結果類似。而她們對於自主運動的行為意圖、行為態度、知覺行為控制，也都顯著低於男大學生。

不過，「計畫行為理論」對於女大學生來說（相較於男大學生），卻有較高的解釋力。如果能夠設法提高其喜歡程度與可行性的認知，將更可能提高她們的運動意願，並養成持續運動的習慣。若能透過科技的導入，例如買一隻能夠即時提供各項運動資訊與分析結果的智慧手錶，將更有可能讓女性養成規律的運動習慣。

因此，或許女生們可以開始考慮，以讓自己運動為理由，挑選一隻適合的智慧手錶來犒賞自己了！

打電腦，有煩惱
—男女電腦族常見的姿勢與酸痛問題

卓瓊鈺·國立成功大學物理治療學系副教授

關於此文

　　這篇文章介紹了由國立成功大學物理治療學系卓瓊鈺副教授所主持的科技部 96 年度性別與科技研究計畫「男女電腦族承受之身心壓力之比較—利用多專業評估偵測骨骼肌肉系列症狀之危險因子」之研究成果。

● 電腦族的酸痛煩惱

　　現代人因為長時間使用電腦，常會發生頸肩及上肢酸痛等症狀。造成這些症狀的危險因子包括物理、心理、或是個人特質等因素。大部分的研究著重在物理因子的探討，包括肢體使用的頻繁度、力量、工作時的姿勢等。雖然，近年來有學者也發展出一些心理學模式來解釋壓力是造成這些骨骼肌肉系統症狀的成因，但較少有實驗能直接證明這些症狀是心理壓力造成的。

　　辦公室的白領階級因為長期久坐使用電腦，骨骼肌肉系統症狀普及率相當高，症狀分布的範圍亦廣，這跟從事的工作特色以及常使用的部位有關（Fine, 1996）[1]。而根據先前一篇大規模的調查指出，臺灣的骨骼肌肉系統症狀普及率高達 37%（Guo, Chang, Yeh, Chen, & Guo, 2004）[2]，但

[1] Fine, L. J. (1996). Musculoskeletal disorders in office work. In S. D. Moon & S. L. Sauter (Eds.). *Beyond biomechanics* (pp. 258-260). London: Taylor and Francis.
[2] Guo, H. R., Chang, Y. C., Yeh, W. Y., Chen, C. W., & Guo, Y. L. (2004). Prevalence

其研究範圍並不侷限於電腦族。

針對白領階級，筆者（Cho, Hwang, & Cherng, 2012）[3] 先前針對上班族所做的調查顯示，電腦族的骨骼肌肉系統症狀好發部位前三名分別為肩 73%、頸 71%、以及上背 60%，如此高的普及率，可見這些酸痛問題的確會造成上班族的困擾。

● 肌肉酸痛症男女有別

因為外型以及荷爾蒙等因素，女性較男性容易發生骨骼肌肉系統之累積性傷害。可能的原因除了傳統女性角色以操持家務相夫教子為主外，亦有研究指出女性較容易從事高重覆性的工作（Bernard et al. 1997）[4]。然而，隨著女性人力投入職場的增多，女性操持家務的比例並沒有相對減少，如果再加上工作的壓力，女性的酸痛困擾應是有增無減。國外研究顯示，上班族女性發生頸肩症狀的比例幾乎是男性的兩倍（Cagnie, Danneels, Van Tiggelen, De Loose, & Cambier, 2007）[5]。

● 打電腦姿勢男女有別

為了了解男女電腦族使用電腦時的姿勢與肌肉控制情形有何不同，

　　of musculoskeletal disorder among workers in Taiwan: A nationwide study. *Journal of Occupational Health. 46*(1), 26-36.

[3] Cho, C. Y., Hwang, Y. S., & Cherng, R. J. (2012). Musculoskeletal symptoms and associated risk factors among office workers with high workload computer use. *Journal of Manipulative and Physiological Therapeutics, 35*(7), 534-540.

[4] Bernard, B., Putz-Anderson, V., Burt, S., Cole, L., Fairfield-Estill, C., & Fine, L. (1997). *Musculoskeletal disorders and workplace factors: A critical review for work-related musculoskeletal disorders of the neck, upper extremity and low back.* Cincinnati: NIOSH.

[5] Cagnie, B., Danneels, L., Van Tiggelen, D., De Loose, V., & Cambier, D. (2007). Individual and work related risk factors for neck pain among office workers: A cross sectional study. *European Spine Journal, 16*(5), 679-686.

我們研究室（成功大學醫學院物理治療學系姿勢與平衡研究室）登報徵求主訴骨骼肌肉系統症狀的電腦使用者；接著，我們利用多面向的評估方式：包括骨骼肌肉症狀以及心理壓力的問卷調查、人體工學的問卷調查、以及三度空間立體攝影來做姿勢評估，並以肌電圖分析從事電腦工作時肌肉的收縮情形。

　　研究結果發現，在從事一段時間的電腦工作之後，男女的姿勢以及肌電圖變化的確有明顯的不同。女生的骨骼肌肉系統症狀分數以及發生頻率皆較男生為高。在從事打字作業時，男女的頭、頸彎曲角度有明顯的差異，男生採取比女生大的頭頸彎曲角度。而在從事滑鼠作業時，男生的肩部、肘部彎曲以及手腕橈側彎曲的角度都比女性來的大（參圖1）。而在肌電圖的分析方面，只有右側的手部伸指肌有明顯的性別差異，女生會使用較高強度的肌肉力量來從事電腦工作。

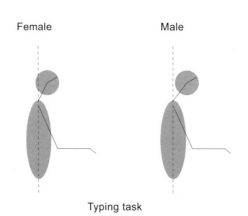

圖1 男女在從事打字、滑鼠作業時，頭、頸彎曲角度的差異（卓瓊鈺繪圖）

　　此外，電腦族會因為使用電腦時間的增加或打字速度的變快而增加頭頸彎曲的角度，但卻減少了上肢彎曲的角度，同時只有右側伸指肌的肌電圖肌肉活性會有明顯改變。

而即使在調整過的工作環境，桌椅都已經配合身高調整，打字時男生還是採取比女生大的頭頸彎曲角度；在操作滑鼠時，男生則是使用比較大的肩肘彎曲以及橈側（手腕關節）屈曲角度。另一方面，女生在從事電腦工作時則使用較高比例的手部肌肉力量（Yang & Cho, 2012）[6]。

● 給電腦族的酸痛解方！

導致電腦族發生骨骼肌肉系統症狀常見的危險因素包括高重覆性、姿勢不當、長時間處在同一姿勢等等。頸、肩、背的酸痛問題常和姿勢有關，手部的酸痛問題則和高重覆性使用有關。因此電腦族要用什麼姿勢打電腦比較輕鬆呢？除了要注意桌椅與姿勢的調整，也要記得定時從事伸展運動！

物理治療師建議六種電腦族可以做的伸展舒緩運動，包括點頭、搖頭、側彎、縮下巴、聳肩和斜向等動作（參見圖2）。你可以將它們穿插在你的工作排程中，每次花 1-3 分鐘，每天做六回合，適時伸展你的頸肩，不要讓他們隨時處在緊張狀態。男性要特別注意適時調整頸肩的角度，女性除了頸肩的問題，手部的伸展與肌力加強的訓練也要注意（參見圖3、4）。

綜合前人研究與本篇研究的結果可知，男性及女性電腦使用者骨骼肌肉系統症狀的發生率都很高，且兩者使用電腦的姿勢與肌肉用力情形不同。若能藉由多面向的評估，偵測並量化其危險因子，可以減少骨骼肌肉症狀的發生或降低嚴重程度。

[6.] Yang, J. F., & Cho, C. Y. (2012). Comparison of posture and muscle control pattern between male and female computer users with musculoskeletal symptoms. *Applied Ergonomics, 43*(4), 785-791.

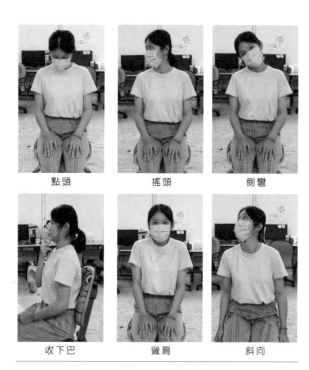

點頭	搖頭	側彎
收下巴	聳肩	斜向

圖 2　電腦族的六種伸展舒緩運動。（曾毓俫物理治療師示範、
　　　照片由卓瓊鈺提供）

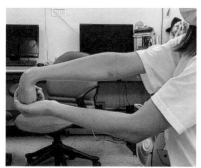

圖 3　手部的伸展運動：手肘伸直，手腕向
　　　下彎曲，另一手協助伸展 6-10 秒。
　　　（李秀娥物理治療師示範、照片由
　　　卓瓊鈺提供）

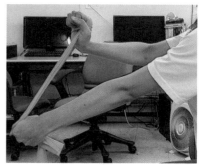

圖 4　手部的肌力加強運動：手肘伸直，手
　　　腕向上拉住彈力帶伸直，停 6-10 秒，
　　　一回合可做 8-10 下。（李秀娥物理
　　　治療師示範、照片由卓瓊鈺提供）

　　當然，未來如果能夠從研究中的危險因子找出有效且具較高順從性的物理治療計劃，將可提供電腦使用者更有效的早期介入治療方法。如此一來，不僅可以藉此降低醫療與社會成本，更可以預防電腦族們日後嚴重的累積性傷害或是失能等現象！

家庭照顧不受傷，移轉位輔具學問大！

李淑貞‧國立陽明大學物理治療暨輔助科技學系副教授
ICF 暨輔助科技研究中心主任

盧玠民 ‧ 新北市輔具資源中心甲類輔具評估人員

| 關於此文

　　這篇文章介紹了由國立陽明大學物理治療暨輔助科技學系李淑貞副教授所主持的科技部 104 年度性別與科技研究計畫「不同性別之家庭照顧者於照顧工作的移位輔具需求與使用問題探討」之研究成果。

● 高齡化社會來臨，照顧需求增加

　　根據衛生福利部「國民長期照護需要調查」及國家發展委員會的資料統計，臺灣現已屬於「高齡社會」（65 歲以上人口超過 14%），預估到 2026 年，平均每五個人就有一位是 65 歲以上長者，進入「超高齡社會」。這也代表著長期照護的需求量增加，從事照顧工作的人數將不斷上升。

　　據統計，目前有超過八成的失能老年人口與家人同住，照顧者的角色將落在家人身上。然而，沒有受過專業照護訓練的家庭照顧者（超過七成為女性），則往往因頻繁的照顧工作及不適當的照顧方式，造成其肌肉骨骼的傷害。

● 家庭照顧者也有「職業傷害」，女性照顧者更容易受傷

　　過去 30 年來，世界各國紛紛研究醫護人員因照顧病患而產生的肌

肉骨骼職業傷害,但至目前仍缺乏探討家庭照顧者的照顧傷害。有鑑於家庭照顧者深受照顧傷害所苦,筆者於 2015 年開始執行本計畫,首次建立我國家庭照顧者之照顧傷害狀況資料庫,了解家庭照顧者在過去一年內各個身體肌肉骨骼部位之疼痛狀況,並探討造成照顧傷害的影響因子,以及移轉位輔具的使用問題。

據本研究統計,國內家庭照顧者之照顧傷主要在頸部、上背部、下背部、肩膀、手肘、手腕(含掌指)、髖部、膝蓋、腳踝(含掌趾)等九個大部位。其中,女性照顧者在頸部、上背部、肩膀、手腕和腳踝等五個部位發生疼痛的機率高於男性(見圖 1);且每 4 位女性家庭照顧者就有 3 人身上有至少 2 處的照顧傷害(女性照護者受傷率為 74%,男性則為 45%)。此外,女性照顧者在肌肉骨骼部位的疼痛狀況,以及執行移轉位活動的自覺用力程度,皆顯著高於男性。

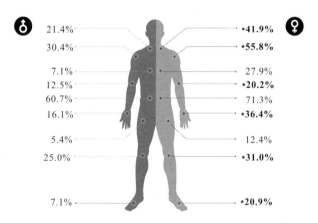

男性	女性
21.4%	•41.9%
30.4%	•55.8%
7.1%	27.9%
12.5%	•20.2%
60.7%	71.3%
16.1%	•36.4%
5.4%	12.4%
25.0%	•31.0%
7.1%	•20.9%

圖 1 家庭照顧者九大部位的肌肉骨骼傷害比例(本研究繪圖)

● 「移轉位」是家庭照顧者職傷的頭號敵人?

而造成照顧者在執行移轉位活動時愈費力、肌肉骨骼部位疼痛愈高的影響因子包括:(1) 照顧者相對於被照顧者的身高較低、(2) 照顧者相

對於被照顧者的體重較輕、(3) 被照顧者個人獨立移轉位的功能較差、(4) 被照顧者沒有使用適當規格與功能的電動床、(5) 被照顧者沒有使用利於移轉位的輪椅（主要指可掀、可拆或可下沉之輪椅扶手和腳踏板，它們可讓側移位路徑淨空），與 (6) 每日協助被照顧者執行移轉位活動次數較多。

研究發現，照顧者因每日必須頻繁地協助被照顧者進行「移轉位」，例如床上移位、床上翻身、從平躺到坐在床邊、坐在床邊到移至座椅、座椅上調整姿勢等活動，故其肌肉骨骼容易受到傷害。然而，國內家庭照顧者卻鮮少使用輔具，導致在進行移轉位照顧時使用蠻力操作，這不僅會造成照顧者的身體傷害，也容易陷入照顧者也需要被照顧的惡性循環之中。

● **選對移轉位輔具，家庭照顧不受傷！**

1980 代起，國際間開始重視照顧工作者（以醫護人員為主）在抬舉動作的職業傷害，並透過人因工學、人體生物力學等概念，設計和推行照護輔具的應用，「零抬舉政策」（No-Lift Policy）及「安全照護」（Safe Patient Handling）成為照護工作的重要原則。而這兩個概念亦適用於家庭照顧，使用適合的移轉位輔具，才能有效減輕家庭照顧者的身體負擔和傷害。

建議在照顧活動中，要能因應被照顧者的身體功能，選用更利於照顧者協助被照顧者移轉位的輔具及操作方式。例如，淨空側移位路徑、以水平取代垂直移位，或是以電動取代徒手，皆能將垂直抬舉的力量降至最低，減少照顧者傷害風險。

此外，亦可搭配適當的電動床和輪椅，讓被照顧者在移轉位活動中處於有利的姿勢，能自行出些力氣，共同參與移轉位活動，使輔具的功

能最大化，將復健融入日常活動之中！

● 照顧輔具面面觀，如何選擇適合的輔具？

在此以常見的照顧活動「協助被照顧者翻身坐起」為例，提供相關的輔具建議如下。首先，建議使用能將頭部及腿部抬高、床面可升降的電動床（見圖2），讓照顧者可更輕鬆省力地操作。接著，當被照顧者能坐在床邊但無能力自行站起時，必須協助其從床邊轉位至輪椅。此時可先調整電動床的床面至與輪椅相同的高度，並使用利於移位的輪椅（扶手及腳踏板可掀起、卸除或下沉）（見圖3），再搭配使用坐姿移位輔具（移位滑墊或移位板）（見圖4），就能輕鬆協助被照顧者以坐姿平移至輪椅上。

圖2 居家用照顧床（頭部升降、腿部升降、床面升降）
（照片由盧玠民提供）

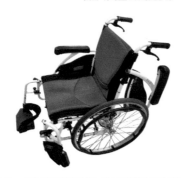

圖3 利於移位的輪椅（扶手腳靠可掀卸）
（照片由盧玠民提供）

圖4 移位板／移位滑墊（坐姿）
（照片由盧玠民提供）

　　對於無法獨立翻身坐起的被照顧者，則建議使用可仰躺或空中傾倒的高背輪椅（見圖5），並調整電動床的床面高度及角度至與輪椅相同，再搭配躺姿時的移位滑墊（見圖6）完成仰躺平行移位，可避免因為重覆性的垂直搬抱而受傷。

圖5 左：可仰躺的輪椅（扶手腳靠可掀卸、仰躺功能）
　　　右：可空中傾倒的輪椅（扶手腳靠可掀卸、空中傾倒功能）
　　　（照片由盧玠民提供）

圖6 移位滑墊（躺姿）（照片由盧玠民提供）

　　此外，還有移位腰帶、移位轉盤、移位機等輔具可供家庭照顧者使用。建議可由輔具評估人員確認需求後，選擇最適合使用於被照顧者的移轉位輔具，讓照顧者能安全又省力地執行照顧活動。

● 專業輔具評估，讓家庭照顧安全又省力！

　　目前國內的身心障礙者及長期照顧需求（長照 2.0）者，都能洽詢各縣市輔具資源中心的輔具評估人員，為被照顧者進行專業的輔具需求評估，提供被照顧者最適合的移轉位輔具建議，以及安全移轉位方式。同時，輔具資源中心也會協助民眾取得移轉位輔具及其他類型的輔具資訊、協助申請購買或租賃費用補助。

　　筆者所屬的國立陽明大學 ICF 暨輔助科技研究中心，自 2001 年起承辦衛生福利部社會及家庭署『多功能輔具資源整合推廣中心』，是為全國唯一中央層級國家輔具中心，亦長期致力於提升障礙者及長期照顧需求者的輔具資源服務，期望能讓每位辛苦的家庭照顧者更安全又省力地照顧，減少受傷風險，提升生活品質。

哇！原來這是性別與科技！？

2 性別友善空間

捷運車廂內的性別思考

李俐慧・東海大學工業設計學系副教授

關於此文

　　這篇文章介紹了由東海大學工業設計學系李俐慧副教授所主持的科技部 98 年度性別與科技研究計畫「性別平權之公共運輸車廂設計研究—以捷運車廂內部空間為例」之研究成果。

　　不知道大家是否思考過，我們所處的社會，並不是理所當然地成為當前看到的樣貌。許多空間環境的條件、形式，都是人為界定的結果。而既然是人為的，那麼隨著社會的發展與變遷，必然存在許多值得檢討與調整之處。

● 原來公車車身高低也隱藏著性別議題？

　　無論過去或現在，由於專業參與者的性別分布，臺灣公共空間的設計規劃多半委由男性主導制定。在缺乏切身體驗或性別意識不足的情況下，他們便經常會無意識地忽略女性行動者的細微需求。例如傳統公車車身較高且出入口有階梯，其高度可能阻礙著窄裙的女性上下車；公車車環僅有一種高度，使得身材嬌小的女性或兒童無法構及；捷運車廂的座位設計與配置關係容易引發偷窺的可能等。

　　而曾經為降低公共運輸的性騷擾發生率而形成的「女性專用車廂」政策，也因針對特定性別族群，引發性別不平等與性別歧視的爭議 [1]。

---

[1] 有關「女性專用車廂」政策的相關討論，可參考：吳坤茂、陳麗惠、

因此，帶著性別主流化思考進入公共交通運輸領域，探討捷運車廂內可能存在的性別盲點，就是一個非常值得大家共同關心的議題。

透過工業設計的視角，我們可以檢視公共運輸工具車廂空間的大小環節，了解使用者在車廂內可能遭遇的性別衝突，探討其設計是否符合使用者多樣化的心理、行為需求與性別平權等設計問題。

● 公共空間需求男女大不同

性別心理發展研究顯示，男性偏好較大的人際距離，普遍對於「擁擠」產生較強烈的不適反應，且對高密度環境的反應較差；而女性則較男性需要更多的安全感，亦對環境依賴性強，故對環境的要求較具全面性，例如噪音、氣味、移動便利等都是女性容易在意的因素。

捷運，是一種不特定多數使用者大量流動且頻繁使用的大眾運輸工具。車廂內部更是一個使用者流動率極高、使用需求多樣且深具公共性又具密閉性質的特殊公共空間。本研究團隊透過非參與式行為觀察法，在臺北捷運與高雄捷運車廂內，近距離觀察不同性別乘客的搭乘歷程與使用行為紀錄，發現一些有意思的現象。

乘客在搭乘捷運的短暫移動歷程中，在座位或站位以及停留位置等選擇上顯現了性別差異。女性乘客偏好處於身邊有硬體設備的地點，例如車門、隔板、隔板旁的立桿、門邊握把等，顯示了女性對環境的依賴性；而男性則偏好處於較空曠的位置，如握環、中央立桿等，以便使自己更可能掌握較大的人際距離。

周正宗、萬惠頤（2005）。捷運應否設置「女性專用車廂」之探討。中階管理才能研習班，**59**，5-6。以及，畢恆達、彭渰雯（2008）。保護？矯正？排除？女性專用車廂的性別意涵。女學學誌：婦女與性別研究，**25**，89-125。

● 女性乘客重視細微的內在感受，男性乘客亦傾向與同性鄰坐

此外，我們透過使用者經驗訪談也發現，女性重視使用公共物件的內在感受，會因為與其他乘客產生直接或間接碰觸而感到困擾。例如握環過近、使用同一握桿、座椅殘留前人餘溫等等，都可能造成女性心理上不舒坦的感受。然而針對這些狀況，使用者多半採消極接受的態度，並不會特意處理它。但若是遇到威脅或暴力等行為時，女性的處理態度則是會比男性更積極地運用通報系統來尋求他人的協助。

而因為女性對性騷擾的感受較為敏感，為取得較佳的安全感，選擇座位時除了座位外觀與整潔程度之外，鄰座乘客的性別往往會成為是否並坐的考量要件，使得她們多半傾向與同性同坐。有意思的是，男性乘客並沒有在性騷擾議題中置身事外。男性同樣也偏好與同性相鄰而坐，一來是感覺較自在，二來則能避免不必要的誤會，因為他們也會特別顧忌與異性的肢體碰觸。

● 讓人身心舒適的性別設計準則

設計具有解決問題並讓人感覺更舒適美好的力量，而這些力量來自於規劃者細膩的考量。有時只要些微地調整，就能讓使用者產生深刻貼心的感受。例如在車廂內部空間規劃上提供更多元的人際距離配置，盡可能地安排多種可維持不同遠近人際距離的空間配置與座位設計規劃。如此便能讓不同性別的乘客都能更輕鬆地在車廂內部空間中，找到自己覺得最自在適切的停留點，享受更舒適的捷運交通生活。

或者是，將不同性別使用者的選位習慣差異納入考量，並留意其習慣停留的區域與空間特質。例如在吊環的高度與位置、隔板的高低、座位的寬度等空間設施條件上，加入男女選位習慣的考量，使空間配置關

係能搭配性別偏好。這樣的做法除了能使空間更有效運用外，亦可讓使用者活動得更流暢、更協調。

● 細節考量還可以更貼心！

搭乘公共運輸工具是一段隨時間推移而不斷改變身體行為的移動歷程。因此，貼心的公共設計與服務也應顧及各個不同層面。

多數使用者偏好停留在車廂入口處附近，而較少移動至車廂中央位置，除了可以避免與有座乘客間發生擁擠、碰撞、爭執，亦可較有效率地上下車廂。故可將車門附近的設置物減至最少基本數量，但同時設置多方向多角度可握立桿，以盡可能增加每個單一設施被使用的方向性或選擇性，提高使用的自由度。

同時，亦有相當比例的使用者為了取得較寬敞的人際距離與視野，寧可選擇站立或倚靠車門、隔板，而不傾向乘坐座椅。故在不強制改變使用者行為的前提下，適度設置具身體支持功能的壁面凸起物或結構體，輔助人們在不乘坐座位的狀況下亦能舒放身體負擔，且安全平穩地站立。如此將能賦予乘客更舒適自在的搭乘經驗。

此外，在視覺上的心理安適考量方面，適度的隔板配置可以產生多樣的空間尺度，提供不同的人際距離；具穿透性的隔板，亦能使車廂內部空間的整體關係容易被觀察與記錄，避免空間死角，有效增進空間中的安全感。但須留意的是，全透明隔板因不具遮蔽性，亦可能反而讓坐在隔板旁的乘客產生被窺視或觀察的不自在感，進而降低其安全感。故建議採用半穿透材質或增加透明隔板色彩濃度的手法，營造出兼具穿透性、安全性、舒適性和閒適性的環境條件。

最後，建議能多運用環境、物件本身的示能性（affordance），更

直覺地彰顯或說明物件的性質與功能，以減少額外張貼標籤或警告標示的必要。除了可排除因語言文化差異的無效溝通外，亦可望運用「潛移默化」、「去標籤化」的概念，以設計暗示使用者所見事物的環境價值，進而引導人們改善對公共環境的使用習慣、態度以及美學文化觀念。

公園公共廁所的設計

陳明石‧東海大學工業設計學系教授
彭加樂‧東海大學工業設計系產品環境設計研究室助理

關於此文

這篇文章介紹了由東海大學工業設計學系陳明石教授所主持的科技部 106 年度性別與科技研究計畫「總計畫暨子計畫一:探討性別化創新於公園公共廁所之通用化設計」之研究成果。

● 性別友善對公園公廁的重要性

都市中的公園擔負著許多角色;其不僅是都市的肺,亦是市民運動、休憩、聯絡感情的重要戶外場所。公園是全民共享的,所以公園內的設施及建設,應對所有使用者皆友善。眼觀目前的國際性大都市,都有多樣化及高密度的公園,而公園公廁整備的完善,更是都市進步的指標。然而,標榜友善的公園,其中的公共廁所也一樣對所有的使用者友善了嗎?

近年來,「性別平等」議題受到重視,性別友善的公共廁所可謂體現性別平等社會的重要指標,納入生理性別(sex)與社會性別(gender)視角,對於公共空間的廁所設計相形重要。公園公廁的使用者多元化,亦必須考慮不同族群的多樣使用需求。本文試圖運用「人人都能公平使用」的設計概念,探討更多元且性別友善的公廁設計方式。

● 公廁的種類

公共廁所在許多人心中有著揮之不去的負面想法：陰濕、髒亂、惡臭等；它常常是民眾逼不得已才會去的地方。隨著國內公共廁所的衛生條件逐漸被重視，並透過政府及民間單位發起的公廁衛生品質提升的政策及宣導活動，我國公共廁所如廁品質大幅改善，逐漸顛覆一般人對公廁陰暗髒亂的刻板印象。然而，衛生與安全只是一般民眾對於現代化都市公廁的最低要求，但使用者常常有更多樣的需求。

一般而言，現在的「男廁」、「女廁」及「無障礙廁所」是最常見的分類，但隨著尊重人權的觀念進步，亦有親子廁所、家庭廁所、性別友善廁所、無性別廁所等類別出現，因應場所的性質而有所不同。雖然這些設計都是為了能盡可能符合多元的使用型態，但卻又時常難以達到盡善盡美。

● 公園公廁使用者的需求樣貌

另一方面，公園是大家都熟悉的綠地空間；做為都市中人群接近自然的珍貴資源，它是最貼近市民的休憩場所，也提供休養、遊憩、觀賞、運動的環境。公園是開放給所有人的空間，許多使用者的需求樣貌多元，甚至時常是隱性的。 實際觀察公園，其使用者至少包含了男性，女性、多元性別、爸爸（媽媽）帶小女兒（兒子）、推著嬰兒車的人、照護與被照護者、所有年齡層的人、帶著寵物的人、身體不便需要輔具的人等。然而，公園公廁的設計是否都能對應這些使用者的需求？

隨著性別平等意識的進步，傳統性別刻板角色的改變也讓舊式的公共廁所不再能因應社會的需求。例如早期許多親子廁所設置在女廁內，但現在照顧孩童不再只是專屬於女性的責任，若是由男性長輩照顧女性孩童，就會遇到沒有適合的公共廁所的尷尬狀況。臺灣社會雖已逐漸意

識到多元性別族群的存在，但尚未體現在公園公共廁所的設計中。前幾年被提倡的「性別友善廁所」，目前在國內公園中還未普及，大多集中在台北市的公園，包括大安森林公園、二二八和平公園、陽明公園、青年公園等，且建立的數量仍是少數。 因此，我們認為公園公廁更應該以符合多元使用者的需求為前提去規劃，將使用者的生理及心理需求納入考量，才能為人們創造更友善的環境。

● 導入通用設計概念的公廁設計思考

隨著我們的生活條件不斷進步，對於公廁的需求不再只為了「有地方用」及「可以使用」，而是提升到了衛生、安全、功能、明亮、舒適、隱私、尊重等層面的需求，這些也是公共廁所的設計所需要考量的條件。目前國內的無障礙廁所已達到普及，但仍有使用者的需求無法被滿足。而性別友善廁所，意義在於取消進入廁所的性別限制，但也有許多性別相關研究者認為這並非性別友善的最佳解答。台大城鄉所畢恆達教授曾提出「大家的廁所」的概念，認為「the other」廁所應該「去標籤化」。讓公廁的每一個單間，都可以滿足男性、女性、多元性別、身障人士或是親子共同如廁需求，而非創造出「第三種廁所」，讓走進去使用的族群被貼上分類標籤。但是此種方式會占去許多空間與設備花費，並不全然適合所有公共建設。若將此理念融合通用設計思考及方法，會是更符合使用者需求及實際環境因素的公廁設計。

通用設計（Universal Design）的概念由美國教授 Ron Mace 於1974 年國際殘障者生活環境專家會議中所提出，主張「設計應該不因年齡、能力、性別而有差異，應該為所有人作設計」， 並提出通用設計的「七原則」。本文依通用設計觀點，提出公園公共廁所設計五原則，如圖 1 所示。依照此些原則，若在空間允許的狀況下，提案可將多種功能設備集中於一間在男女廁之外的「多功能／多目的廁所」，並將無障

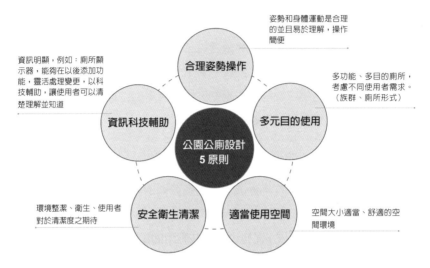

圖 1 作者提出的公園公廁設計五原則 (本研究繪圖)

提案

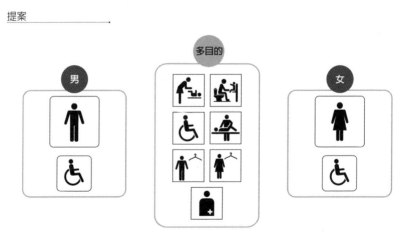

圖 2 多目的／多功能廁所規劃 (本研究繪圖)

礙廁所設置於男廁與女廁裡面（如圖 2），可依場所大小加以適當調整。這樣的方式既能滿足多元使用者的身體及心理需求，去除性別標籤的多功能／多目的廁所也能讓不同需求的人彈性使用，因應不同的使用情況，讓不論你、我、以及所有不同樣貌的使用者都能擁有理想的如廁環境。

● 他山之石

　　廁所是日本享譽世界的款待文化的象徵，非營利組織日本財團（Nippon Foundation）發起「THE　TOKYO　TOILET」[1] 計畫，邀請 16 位世界級建築師、設計師，在東京澀谷 17 處的公園，設計具有當地特色的公共廁所。公廁設計除了必須符合日本建築基準、每間廁所皆設置免治馬桶，所有衛生器具也將由衛浴品牌 TOTO 監修。另外，在一般的男女廁所以外，也必須設置無障礙廁間，部分廁所亦有為使用人工肛門者設置的清洗設備（Ostomate facility）、無性別多功能廁所，這種透過實踐友善空間回應現代社會多元價值，是值得我們學習的做法。

---

[1] THE TOKYO TOILET 官方網站。網址：https://tokyotoilet.jp/en/

落實高齡友善環境
─讓鄉村長者能自由移動！

魏惠娟·國立中正大學成人及繼續教育學系教授
鄭秀玲·國立中正大學成人及繼續教育研究所碩士
蔡齡儀·國立中正大學高齡者教育研究所碩士

▎關於此文

　　這篇文章介紹了由國立中正大學成人及繼續教育學系魏惠娟教授所主持的科技部 104 年度性別與科技研究計畫「性別與高齡友善環境評估：偏鄉長者的需求」之研究成果。本文內容部分成果曾發表於魏惠娟、蔡齡儀（2017）。鄉村高齡者對於友善用路環境的評估。福祉科技與服務管理學刊，**5**（3），191-206。

● 創造高齡友善環境，「能夠自由移動」是關鍵需求

　　我國快速邁向超高齡社會，各行各業絞盡腦汁、把握商機，搶攻銀髮市場；而政府服務高齡者的計畫也五花八門。國民健康署從 2010 年開始推動「高齡友善城市計畫」；到了 2013 年，所有縣市皆推動高齡友善城市相關計劃，希望建立高齡友善臺灣的願景。然而，什麼是高齡友善？如何能高齡友善？高齡者需要什麼樣的友善環境？大家的需求都不同，因此政策的系統思考與循序漸進更為重要。

　　2010 年，我曾經拜訪澳洲坎培拉市，想了解他們如何推動高齡友善城市。當時出席的澳洲官員之一來自交通部門，他告訴我們一個策略：「友善高齡，首先要滿足他們『移動』（mobility）的需要」。這個簡單

卻又關鍵的答案，突然敲醒我思緒紛亂的腦袋。

世界衛生組織高齡友善城市指南有八項評估標準（無障礙與安全的公共空間、大眾運輸、住宅、社會參與、敬老與社會融入、工作與志願服務、通訊與資訊、社區及健康服務）[1]，而其中一項大眾運輸的指標下，最關鍵的即是建立能自由外出訪友、購物及參加活動的大眾運輸。

那些年，我照顧年邁的父母親，自覺已經在十分緊湊的行程中，盡量滿足兩老的日常生活需求，讓他們可以安心過日子。然而，當我回想那些日子，卻感覺父母親似乎沒有完全滿意。後來我無意間知道，他們偶爾會拜託朋友載他們外出辦事或是去逛逛。當他們有機會外出的那一天，不管是去購物、辦事或用餐，都感覺更活躍、喜樂。原來，老人家的日常生活，不只是基本需求要被滿足；他們最想要的還是不必麻煩工作忙碌的子女們就能外出的自由。對他們來說，這應該就是獨立、自主、尊嚴的意涵。

居住在都會地區或是還能夠開車、騎車的人，很難想像一個簡單的「自由移動」需求會存在極大的落差。我不禁想到，如果各縣市都宣稱是「友善城市」，也許可以從這個需求開始，實地訪查長輩們的心聲，聽聽他們如何評論自己每天生活中的用路環境。因此，本研究實地走訪雲林縣莉桐鄉、臺南市大內區、臺南市麻豆區，並徵求當地長輩參與研究。最終募得的長輩共計 21 位，平均年齡為 68.8 歲。我們選擇他們日常生活行走的路線（約 1.5 公里），共同實際走一遭，為馬路體檢。

● 有路難行，路況差

根據研究結果，多數受訪者對其日常生活經常使用的道路之共同

---

[1] 詳細內容請參閱 World Health Organization. (2007). *Global age-friendly cities: A guide.* Geneva, Switzerland: WHO Press.

心聲是「有路卻難行」，即日常路況很糟糕。「車輛多，開車和騎機車的人不遵守交通規則」一位熱心服務的里長告訴我們她的觀察。例如不會騎車又腳力退化的歐巴桑只能在家附近活動，有時則需要仰賴接送服務，活動範圍很「宅」；而靠機車代步的歐巴桑表示，社區對外連結的主要道路只要一下雨就變成小溪，「如果下大雨，就會有水窪、坑洞」。

也有退休後才回到鄉村故居的長輩很快就感受到明顯的城鄉差距。「到外面沒有安全感，不像在北部，都市都有人行道，這裡的用路環境比較不適合讓人來走」。歐巴桑們去買菜時也常遇到學生下課，幾乎沒有路可以走了。她們說：「路已經不大，又停了遊覽車、砂石車，它們比較高，視線上問題很大。」甚有 70 歲以上的長輩直接說「我就是在我自己家就好。」此外，騎樓也是地板高低不平，容易讓人跌倒，而且會有汽車停放，或者商人來擺攤做買賣，因而減少行走空間。長輩表示：「騎樓幾乎都被大家佔用」。

圖 1 砂石車佔據行人道，長輩只能行在車道上。（照片由蔡齡儀提供）

● 小綠人快閃，阿公阿嬤很難通過

　　鄉村地區也缺少行人專屬的交通號誌，如小綠人、紅綠燈等，而這應該也是交通事故發生的原因之一。受訪者表示：「有些地方有紅綠燈，但是只在交通尖峰時間才啓用，其他時間則用閃黃燈。」而長輩們行路時最害怕的也是沒有交通號誌。他們表示：「我住的地方交通最複雜，朋友來要過馬路也不會走，小朋友去學校也不會走。」但對於行動不方便的長輩來說，他們認為，就算有小綠人，但15秒的時間對他們而言根本太短，且「那條路的車速又快，所以要過去也是怕怕的」。

上‧圖 2 道路使用狀況複雜，長輩必須在車輛縫隙間穿梭才能通行。（照片由蔡齡儀提供）

下‧圖 3 鄉村社區中唯一的公車站牌（照片由蔡齡儀提供）

● 公車班次少、轉乘複雜，阿公阿嬤很難搭

鄉村沒有普及的大眾運輸工具，使得許多長輩無法單獨出門，需要靠人接送。他們表示：「沒有公車，我們都走不出去。」有些地方雖然有公車，但是轉乘很不方便。一位樂齡中心的老師告訴我們，他有一次要帶長輩學生一起搭公車去博物館，才發現搭公車需要很大的能力。「要去 OO，要轉車轉 3 次。」即便是比較年輕的人也不見得會。這是很大的問題。

而且就算有公車，班次也很少。受訪的長輩無奈地表示，公車差不多 70 分鐘才有一班，尖峰時間也要等 30 到 40 分鐘。「有時候想去走走，覺得說要花時間在等，要等很久，就比較不想出去了。」

此外，歐巴桑們也常常會串門子，可是馬路缺乏樹木遮蔭，也沒有座椅。她們覺得「太冷太熱都不愛出來，路上有樹蔭，走累了可以在樹下休息一下，會比較想走出來」。

透過訪問，我感覺長輩們渴望能外出，且期待路況能改善。看來，我們對於落實「友善環境」的理想，發現了一個實際的答案。

● 讓長輩能「自由移動」，是邁向友善高齡的高槓桿解！

讓臺灣成為一個真正高齡友善城市的高槓桿解是什麼呢？高齡友善城市八大指標需要不同局處室的努力，若從「移動」的觀點來思考，只要長輩能夠自由外出，就可以參與社會、志願服務及參加活動。若他們能獲得資訊不被隔離，就不會落伍，也能獲致更高的尊嚴及更多的社會連結。看來，幫助長輩能「自由移動」或許是我們在討論高齡友善時一個長久被忽略卻關鍵的高槓桿解答。

「馬路可以讓我們安全的走」，是鄉村長輩的渴望。綜合實地訪查

資料與長輩們的心聲，我們建議友善高齡要從以下改善策略做起：設置交通號誌，且要有更多秒數以方便用路人過馬路；淨空並整平騎樓；規範路邊停車，不能使大車佔用行人道，擋住視線等。最後，若能有轉乘便利的公車，將會使友善環境的政策更到位。

鄰里公園對高齡者性別友善了嗎？

李俐慧・東海大學工業設計系副教授

關於此文

　　這篇文章介紹了由東海大學工業設計系李俐慧副教授所主持的科技部性別與科技研究計畫「性別友善鄰里公園之產品環境設計研究：高齡者群集社交行為之性別特質取向」之研究成果。

　　無論是清晨或傍晚，一群又一群上了年紀的長輩們熙熙攘攘地或漫步健行、或做操練功、或跳舞健身，是臺灣鄰里公園裡常見的風景。而你可曾留意過，這些經常在鄰里公園綠地裡活動的長輩們，他們的行為樣貌呈現了什麼樣的特色，而行為中又隱藏著什麼樣的使用需求呢？

　　本計畫透過非參與式觀察法，在鄰里公園中進行長時間的高齡族群活動觀察，分別在高齡者經常到訪的早、中、晚時段，以照相取樣及文字重點註記的方式，收集了數百張高齡者活動紀錄照片。再採用事件取樣法對調查蒐集到的活動情景畫面，進行環境屬性及行為活動屬性的質性分析，一探不同性別的高齡者在公園的活動樣貌及使用需求！

● 高齡族群使用頻率高、時間長、群集活動多樣化

　　相較於其他年齡，高齡族群使用鄰里公園的頻率較高、時間較長，無論平日或假日，只要天氣狀況穩定平和，幾乎每天都可以在同一座鄰里公園中看到高齡族群活動的身影。在清晨四、五點開始到早上八點多，或是下午三、四點到傍晚六點多，都可以觀察到單獨一人、三兩結伴、

五六成群的高齡者出沒在公園。他們在公園停留的時間短則二、三十分鐘，長則可達近一個多小時。

此外，鄰里公園中的高齡者極少一個人獨自活動，多以群集的形式從事活動。他們經常在公園裡聊天、使用運動器材健身、做健康操、練氣功、健行、下棋、帶孩童玩耍、發呆看風景等，活動內容多樣。而若再仔細留意觀察便會發現，在這些高齡族群的使用行為樣態中，顯現著一些性別差異。

● 女性高齡者聊天兼手作，男性高齡者對弈齊練功

鄰里公園裡的高齡者群集存在著「性別分群」的現象，高齡者的群集常會呈現單一性別集中的狀況，多數群集中僅有少數一兩位異性參與在內（見圖1）。

女性高齡者傾向參與人群聚會聊天，群集的人數少則三、五人，多則可達八、九人，甚至隨著談話聊天的主題內容發展，會有小群集連結成大群集，大群集分化為小群集的現象出現。有趣的是，女性高齡者有時會將家事活動帶到鄰里公園中進行，例如上市場買菜後到鄰里公園的涼亭、石桌椅處暫時停留，一邊和相識友人聊天話家常，一邊進

圖1 公園一隅的活動身影清一色是女性（照片由李俐慧提供）

行挑揀菜葉、豆莢去絲等作業；或是在端午時節將菖蒲、艾草等素材帶到公園中，街坊鄰居們一同製作門口避邪用的掛飾。

而能讓男性高齡者形成群集的社交行為，則是下棋對弈或運動練功等活動。下棋對弈的場景經常能引來其他男性高齡者的群聚觀戰，但女性高齡者鮮少參與其中（見圖2）。除此之外，男性高齡者其實較常單獨活動，他們多半各自閒坐一隅觀看人群或風景，彼此間偶有對話交談，但不足以形成聊天聚集的熱絡情景（見圖3）。

如此看來，女性高齡的群集活動涉及較多社會性且合作型的人際互動與情感交流，而反觀男性高齡的群集活動，則較傾向競技性或任務型的活動內容。

上・圖2 下棋對弈活動常會引來圍觀。(照片由李俐慧提供)

下・圖3 男性高齡者各自獨立，相互間較少交談。(照片由李俐慧提供)

● 行為模式不同，男女空間使用需求亦有別

　　女性高齡者因其長時間的群集社交活動屬性，她們在公園停留活動時多半會習慣攜帶較多個人物品，內容包括：飲用水、禦寒或遮陽衣物、雨傘、提包等。在公園休憩區活動時，常會需要將隨身物品攤開使用或置放收納。

因此，相較男性高齡者常見的獨處行為或對弈活動，女性高齡者則需要更大的群集空間，以及更符合對話交談的公共座椅空間配置（見圖4）。

　　另一方面，許多在鄰里公園中活動的高齡者是由看護陪同一起前來，若男性高齡者是由異性外籍看護照顧同行，則雙方在空間環境需求上的不一致，可能會出產生心理感受的衝突（見圖5）

上‧圖4　一字型的座椅排列不利於對話交談。（照片由李俐慧提供）

下‧圖5　高齡者與外籍照護者各自為群，公園環境未能促進其互動交流。（照片由李俐慧提供）

● 高齡友善兼具性別友善的鄰里公園設計！

透過研究觀察，我們可將高齡者的活動特質歸納為靜態社交活動、約束動態活動、自由動態活動等三大類。[1]

高齡者靜態社交活動所需的空間特色包括了可乘坐之座面（如座椅、平台等）以及上方遮蓋（如屋頂或密集林蔭等），而針對女性高齡族群的活動需求，則可多提供群集型休憩座椅或置物空間。目前國內鄰里公園提供的座椅數量或裝設位置不十分符合高齡族群的使用需求，因此，在多個研究田野都可觀察到，高齡者們自行攜帶家中閒置或老舊的座椅放置在居家鄰近的公園使用，使用畢離開前再收整堆放至角落。

約束動態活動意指高齡者從事使用公園中常見的健身器材或遊具等拘束動態活動設施之活動，然而高齡者在進行伸展運動時並不侷限於「設計的健身器材」，任何可做為身體支持物的穩固結構（如：牆壁、欄杆、樹木等）都可能被利用來進行身體伸展運動（見圖6）。因此，在設計規劃公園設施時，可考慮採用更多具彈性使用的器材設計，不侷限於特定功能之器材。

圖6 民眾自備輔助工具安放在公園遊戲器材旁從事運動（照片由李俐慧提供）

---

[1]. 李俐慧、楊雪屏、陳明石（2013年11月）。鄰里公園中高齡者社交活動特性分析。2013台灣感性研討會。臺南：成功大學。民國102年11月30日。

　　此外，公園中的高齡者們還有著其他各式各樣的自由動態活動，其最需要的其實是空間的靈活性，故鄰里公園並不需要過多不被使用的設施設備，只要有平坦和開闊的空間，即能提供不同性別的高齡族群皆得以自由活動的場域。當然，在規劃時亦需考量臺灣夏季長、日照強的炎熱氣候條件，盡可能增加樹蔭或遮陽面積，以利高齡者的親近使用。

　　總體而言，在鄰里公園設計上，可先廣泛調查鄰近居民於社區公共空間的活動樣態，再根據行為類型規劃相應的空間屬性，並安排優先順序以釐清如何在鄰里公園或同等面積之空間設計上，符合多數使用者的需求，創造出不僅高齡友善，同時也性別友善的鄰里公園！[2]

[2.] 李俐慧（2015）。年齡友善的公共設計：以高齡者在鄰里公園之座椅使用需求為例。載於銀髮生活—建構優質的長青生活與環境（頁273-312）。高雄：巨流圖書。

哇！原來這是性別與科技！？

3 職　場

女怕嫁錯郎，更怕入錯行
一女性在什麼行業中有薪資優勢？

莊慧玲．國立清華大學經濟學系教授

| 關於此文

　　這篇文章介紹了由國立清華大學經濟學系莊慧玲教授所主持的科技部 106 年度性別與科技研究計畫「臺灣高科技製造業之性別薪資差異與就業區隔之實證研究」之研究成果。本文內容相關研究曾發表於 Chuang, H.-L., Lin, E. S. and Chiu, S.-Y. (2017). The gender wage gap in the financial industry: Evidence from the interindustry ranking. *International Review of Economics and Finance*, 44, 1-13.

● 同工不同酬的薪資性別歧視

　　薪資雖然不是我們工作所追求的唯一目標，但絕對是驅使我們努力工作的主要動力之一。因此，像是影響薪資增長的主要因素、薪資結構的特色、薪資的性別差異現象、基本工資的調漲等與薪資相關的議題，不只受到社會大眾關心，更是學者專家持續探討的研究主題。

　　隨著女性平均教育程度提升，參與勞動市場的女性也日益增多。根據主計總處的統計資料，臺灣的女性勞動參與率由 1978 年的 39% 逐年上升至 2020 年的 51%。女性勞動參與率的提升也促使大家更關注性別間的薪資差異現象，特別是有關勞動市場上可能存在的性別歧視議題。

　　勞動市場上的歧視現象一直以來都是社會各界努力想要改善卻難以根除的問題，其中有關薪資性別歧視的現象更有相關法令如「性別工作

平等法」的規範。而所謂薪資性別歧視，簡單來說就是不同性別間的「同工不同酬」現象。為了能真正檢視出「同工不同酬」現象，勞動經濟學者 Oaxaca（1973）[1]與 Blinder（1973）[2]提出「薪資差異分解」的作法[3]。此作法將不同組群（例如男性工作者與女性工作者）的薪資差異分解為兩個部分。一部分是因為生產力或是工作性質不同所造成的薪資差異，稱為「可解釋的薪資差異」，即一般認知為合理的薪資差異；另一部分的薪資差異則稱為「不可解釋的薪資差異」，即尚未找到合理原因來解釋其中的差異。而所謂薪資歧視現象，即歸在「不可解釋的薪資差異」。

● 臺灣勞動市場的薪資性別歧視現象

我們可以應用 Blinder-Oaxaca「薪資差異分解」作法來檢視臺灣勞動市場是否有薪資性別歧視的現象。我們以 1978-2013 年主計總處「人力運用調查資料」的受雇就業者為研究對象，進行「薪資差異分解」。結果顯示，「可解釋的薪資差異」比例由 1978 年的 49%（此段期間的最高比例）變動至 2013 年的 31%。而這段期間的最低比例則出現在 1988 年的 28%。然而，因為「不可解釋的薪資差異」並不全然代表薪資性別歧視，所以我們雖然發現「可解釋的薪資差異」比例下降，但是並無法據以推論薪資性別歧視呈現惡化之趨勢，只能強調薪資性別歧視現象在臺灣勞動市場上仍是不可忽視的議題。

[1.] Oaxaca, R. L. (1973). Male-female wage differentials in urban labor markets. *International Economic Review, 14*(3), 693-709.

[2.] Blinder, A. S. (1973). Wage discrimination: Reduced form and structural estimates. *Journal of Human Resources, 8*(4), 436-455.

[3.] 薪資差異分解作法主要是透過薪資迴歸式中的解釋變數與其係數的加減項處理，而將其分解為兩個部分。一部分歸因為解釋變數的不同所造成的薪資差異，稱為「特徵差異」，即「可解釋的薪資差異」；另一部分歸因為係數不同所造成的薪資差異，稱為「係數差異」，即「不可解釋的薪資差異」。有關薪資差異分解的詳細推導過程，請參閱本團隊的研究成果 Chuang, Lin, & Chiu（2017）。

另外，我們發現，行業（如金融業、製造業、服務業等等）對於兩性薪資差異的影響明顯不同，而應用 Blinder-Oaxaca「薪資差異分解」作法則可以進一步檢視行業因素的影響力。在 1978-2013 年期間，行業因素對於兩性薪資的影響力介於 4% 至 10% 之間，這顯示各行業間的兩性薪資差異非常大。因此，我們好奇，是否有哪些行業對於女性就業者比較有利呢？

● 女性在金融業中受到的薪資歧視較少

為了進一步探討各行業間的薪資性別差異，Fields 與 Wolff（1995）[4]、Horrace 與 Oaxaca（2001）[5]、Lin 與 Yun（2010）[6] 等經濟學者發展出一系列的指標，可以估算出在考量生產力或是工作性質的不同之後，單純行業因素對於薪資性別差異的可能影響。我們應用這些指標來估算行業因素對於薪資性別差異的影響。以 2013 年的結果為例，我們發現，女性就業者在金融業的平均薪資約低於男性 5%，即女性在金融業的平均薪資為男性的 95% 左右。在高科技業所屬的製造業中，女性就業者的平均薪資約低於男性 18%。而各行業中女性平均薪資低於男性之比例最高者為營造業，約 24%。由此可見，行業因素對於薪資性別差異確實有著舉足輕重的影響力。

另外，我們估算了 1978-2013 年期間，各行業中女性平均薪資低於男性之比例，並由小到大進行排序（如表 1 所示）。其中行業排序值愈

[4.] Fields, J., & Wolff, E. N. (1995). Interindustry wage differentials and the gender wage gap. *Industrial and Labor Relations Review, 49*(1), 105-120.

[5.] Horrace, W. C., & Oaxaca, R. L. (2001). Interindustry wage differentials and the gender wage gap: An identification problem. *Industrial and Labor Relations Review, 54*(3), 611-618.

[6.] Lin, E. S., & Yun, M.-S. (2010). Alternative estimators for industrial gender wage gaps: A normalized regression approach. Working Paper, Department of Economics, National Tsing Hua University.

小，表示該行業的女性與男性在平均薪資間之差距愈少；反之，行業排序值愈大，表示該行業的女性與男性在平均薪資間之差距愈多。換言之，排序值愈小的行業，對於女性就業者而言，在薪資上相對較為有利，而排序值愈大的行業則愈不利於女性。在我們所區分的八類行業中[7]，金融業在各年的排序值相對較小，在 1998 年之後更一直是排序第一的行業。這顯示女性在金融業就業者，其平均薪資相對於男性比較不會出現差別待遇的情況。因而比起其他行業，金融業對於女性就業者而言，是較有利的行業。

表 1 · 1978-2013 年各行業之女性／男性相對平均薪資之排序（本研究製表）

行業　　年	1978	1983	1988	1993	1998	2003	2008	2013
礦　　業	8	8	7	8	8	6	4	3
農　　業	7	7	8	6	7	8	8	7
製造業	3	6	6	7	6	7	7	6
營建業	2	2	3	4	5	5	5	8
商　　業	1	3	4	1	3	4	2	2
運輸業	6	5	2	3	2	2	3	5
金融業	4	1	1	2	1	1	1	1
服務業	5	4	5	5	4	3	6	4

● 持續努力建立臺灣勞動市場的性別友善環境

綜合此計畫的研究發現，我們可以推論臺灣勞動市場上仍存有薪資性別歧視現象。而不同行業所呈現出的兩性相對薪資的差異特徵，不只可

[7.] 行業分類係根據 2011 年主計總處的行業大分類來定義。其中礦業包含礦業及土石採取業、電力及燃氣供應業、用水供應及汙染整治業；農業包含農、林、漁、牧業；商業包含批發及零售業；運輸業包含運輸及倉儲業、通訊業；金融業包含金融及保險業、不動產業；服務業包含社會、個人及相關服務業。

作為個人在職涯規劃時的參考資訊，也可供相關單位日後研擬《性別工作平等法》修訂方向時參考。此外，薪資性別歧視現象的持續存在，更隱含其因果分析是值得探討的研究主題。而針對特定群組，例如高教畢業生的薪資性別差異現象之重點分析，也是值得進一步發展的研究方向。

從性別觀點檢視資訊科技業的「公」程師（brogrammer）文化

張詠菡・康寧學校財團法人康寧大學健康照護管理學系副教授

| 關於此文

　　這篇文章介紹了由康寧學校財團法人康寧大學健康照護管理學系張詠菡副教授所主持的科技部 105 年度性別與科技研究計畫「臺灣資訊科技業性別區隔現象與重男輕女文化研究」之研究成果。本文內容部分成果曾發表於張詠菡 (2018)。資訊科技職場女性工作處境：以女性程式設計師為例。逢甲人文社會學報，37，115-150。

　　臺灣素有電腦王國、科技之島的美稱，作為資訊科技產品的重要產地，臺灣見證並參與了全世界資訊科技的快速發展。當資訊科技已成為現代人日常生活重要的一環，您是否想過，從硬體的生產、軟體的開發，乃至於手機、網頁使用者介面的設計，究竟是出自於哪些人之手？

● 性別失衡的資訊科技業：「誤入」宅男世界的女性？

　　與傳統產業相比，資訊科技業作為較新的產業，常給人一種開放、現代化、跳脫傳統的形象。但先前多份研究指出，資訊科技業的男女比例反而比一些傳統產業更為懸殊。女性在此職場中佔少數的現實情況，導致女性常「被隱形」。以熱門美劇「矽谷風雲」為例，在這部長達 53 集，以矽谷 IT 工程師為主題的影集中，只有一位女性工程師短暫出現在螢幕畫面上。

　　資訊科技業的女性也長期被視為特異的一群。「男性等同宅男、女

性等同電腦白痴」的概念，常出現在日常生活中，也是影視作品中常見的嘲諷主題。舉例而言，英國影集 IT 狂人（IT crowd）第一集裡，對電腦一竅不通的珍意外成了公司地下室兩位 IT 宅男的主管。這個電腦白痴成為 IT 主管的可笑劇情，表面上以符合刻板印象的性別觀鋪下喜劇梗，但其實在諷刺大眾視女性進入 IT 為「違常」的慣有反應，並以這明顯荒謬、超脫現實的劇情挑戰觀影者思考：難道進入 IT 業的女性真的都是「誤入」？

答案當然不是。但這樣的性別刻板印象至今仍隨處可見。這樣的性別刻板印象究竟是如何產生的？又該如何改善？

筆者的科技部計畫嘗試探討此問題。基於資訊科技產業本身的職業類別包羅萬象，且隨著產業快速發展，分工愈趨複雜之情況，此研究將焦點放在程式設計師上。筆者首先採用行政院人力資源調查及薪資生產力統計調查資料之數據，勾勒整體產業之結構現況，再以訪談法挖掘程式設計師的個人職場經驗。

● 資訊科技產業中的男女大不同

從量化數據來看，臺灣資訊科技產業中男女的比例約為 4：1，且女性薪資多年來皆比男性低（如下圖 1）。若比較單身與已婚者的在職比例，相較於男性，已婚女性在職的比例明顯較低。單就量化數據表面來看，整體而言，女性在此職場的誘因偏低（薪資低），阻力偏高（婚育離職）。然而，有鑑於職場內的複雜生態常無法充分反映於數據上，筆者透過訪談進一步挖掘並發現，除了薪資與婚育的差異外，女性程式設計師在職場上的地位與處境也常與男性大不同。

根據樣板理論（tokenism），身為少數族群，女性在此領域中自然「吸睛」。但除了這「關鍵少數」的影響外，職場本身的組織文化與

性別關係更為重要。曾有研究指出，資訊科技職場中存有強烈的陽剛意識形態與互動模式。而當社會的性別建構長期視某一職場為男性的領域時，其中的文化便會反映出男性主導的觀點。

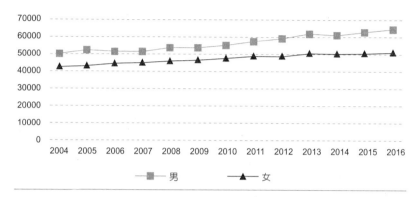

圖 1 資訊科技職場的男女薪資（資料來源：薪資生產力統計查詢資訊 2004-2016）

筆者整理訪談內容時發現，職場中男女同事互動時女性常姿態較低；主管分派工作時，女性較常被指派事務性、重複性較高的工作；組織內進行升遷時，成為主管者大多為男性。以上皆在在顯示資訊科技職場內明顯的性別建構痕跡。另外，在陽剛組織文化的影響下，基於「男主外」的傳統性別期待，資訊科技職場較少考慮家庭照顧的需求，進而使得須長期加班且高壓的工作模式成為常態。訪談分析顯示，受訪者不分男女皆認為在此職場中要照顧家庭十分困難，而此掙扎在身為人母的女性程式設計師中又格外明顯。

● 女性在資訊科技職場中的生存策略

研究也發現，為了要融入職場，女性程式設計師發展出多種因應方式。其中一個常見的策略為「同化模仿策略」。女性工程師藉由模仿男性，即刻意展現出陽剛氣質、侵略性以及強勢的工作風格，來融入陽

剛職場的工作文化。但此策略除了容易讓女性陷入雙重束縛（double bind）的困境，也助長了陽剛的組織文化。而另一個策略則是善用女性特質，即透過撒嬌、刻意放低姿態來換得男性同事的幫助。這個策略雖然表面上與前一個策略不同，但其本質仍是配合主流的陽剛職場文化。即便女性這麼做能暫時獲得好處，但長遠來看，對於改善男性主導的職場文化並無幫助。

女性程式設計師即便在學歷、專業能力上不輸給男性，仍會面臨職場文化慣以男性為標準、難以給予女性公平評價的現實。在此困境下，難道女性程式設計師只能透過模仿男性，或刻意改變自己來生存嗎？

訪談對象中有不少女性程式設計師嘗試要走出另一條路。她們會舉辦社群活動，例如 Girls in Tech Taiwan、WoFOSS、LaraGirls，並以定期聚會、討論程式設計專業的方式，建立女性程式設計師在此領域的人際網絡，提升專業能量，並凝聚更多女性，改善女性在資訊科技職場的邊緣處境。

● 扭轉「公」程師文化從推翻性別刻板印象開始！

數年前，新聞上曾出現一則電商巨擘阿里巴巴的招聘廣告。廣告標題為：招聘「程序員（程式工程師）鼓勵師」，並配上一名坐在電腦螢幕前的男性被諸多「正妹」圍繞的照片。雖然後來有人說這一開始不過是一則愚人節笑話，但當中隱含的性別刻板印象卻真實得殘酷。如要提升資訊科技職場的性別平等，不僅職場內的陽剛文化需要被挑戰，整體大環境的性別刻板印象也需要被改變。

總而言之，扭轉「電腦等於男性、宅男等於專業」的「公」程師文化，才會有更多女性願意走入這個領域並留下來。如此，也才可能進一步讓不分性別的每個人都有機會跨越藩籬，發揮才華與能力！

高科技產業主管對部屬升遷有性別偏好嗎？

簡元瑜·致理科技大學應用英語系助理教授

┃關於此文

　　這篇文章介紹了由中國文化大學國際企業管理學系毛筱艷教授所主持的科技部 101 年度性別與科技研究計畫「高科技產業主管對部屬升遷之性別偏好研究」之研究成果。本文由計畫參與人員簡元瑜助理教授撰稿。

● 性別工作平等了嗎？

　　女性進入職場工作已日漸普遍。根據主計處 2019 年之統計資料顯示，女性員工目前之勞動參與率高達 51.39%，而 20-29 歲之女性工作者更高達 90% 以上。在女性勞動參與率攀升之際，有關女性人力資源的開發和工作權益的保障也愈來愈受到重視和討論。

　　為消除性別歧視或偏見，聯合國於 1975 年將 1975 至 1986 年訂定為「女性年」（The United Nation Decade of Women），力促各國為提升婦女權益而努力。因此，世界各國在兩性的工作權都進行了立法保障，進而促進兩性經濟平權。而在臺灣，2002 年正式實施的「性別工作平等法」（原名「兩性工作平等法」），其精神即在禁止職場的性別歧視。

　　雖然女性進入職場的比例日益增加，亦有愈來愈多的企業組織傾向或支持僱用女性擔任管理職，進而出現領導角色女性化（feminization）

的趨勢。但在臺灣，女性擔任主管的比例仍然偏低，僅占 27.9%[1]。顯然，女性在職涯發展上的障礙，並未因政府有公平就業的立法保障而消失。而職場中的性別歧視有時並不明顯或直接，而是以另一種複雜而微妙的方式呈現，進一步造成女性在職場中的玻璃天花板現象。

● 科技產業中也有女性的玻璃天花板嗎？

自 1986 年「玻璃天花板效應」一詞出現以來，時至今日，女性升遷障礙依舊存在，情況並沒有太大改善。根據資誠聯合會計師事務所發布的「女性科技工作指數報告」（PwC Women in Work Index 2020）[2]，在 G7（七大工業國）中，女性平均只占科技勞動力的 30%，而科技公司高階主管的女性人數甚至更少。這似乎意味著，高科技產業主管在考量部屬的升遷時，可能存在獨特的性別偏好。

高科技產業對於臺灣的經濟與國家發展扮演了舉足輕重之角色，而產業中的人力是否能夠充分發揮效能，是高科技產業一個相當重要的管理議題。為了解高科技產業的人力發展是否受到玻璃天花板的影響，我們採用問卷調查法來了解臺灣科技產業主管對於不同性別的部屬升遷是否存在著差異，並以高科技產業之企業組織內擁有升遷職權的管理者或監督者為研究對象進行分析。

本研究並透過 T 檢定的方式確認主管進行升遷決策考量時，在不同性別的部屬間是否具有顯著差異；再以簡單線性迴歸（ANOVA）檢視不同層級、部門別及人格特質之主管對部屬升遷的性別偏好是否具有顯著差異。

---

[1] 詳見行政院主計總處（2018）。人力運用調查報告。臺北：行政院主計總處。取自 https://ebook.dgbas.gov.tw/public/Data/01911650T64V6LTY.pdf
[2] 詳見 PwC. (2018). *Women in work index 2020*.
https://www.pwc.co.uk/economic-services/WIWI/women-in-work-2020-full.pdf

● 性別刻板印象成為科技業女性的升遷阻礙

研究結果發現，在高科技產業中，女性擔任主管的比例相對偏低。管理層級顯示出男性（64.2%）多於女性（35.8%）的局面；且在相同條件之下，女性確實較難獲得晉升至管理職的機會。高科技產業主管選擇男性部屬升遷的傾向更高於女性部屬，其中男性主管選擇男性部屬升遷的情況更為明顯。

高科技產業屬於男性主導的領域，整個科層組織多由男性建立。男性是主要的規則制定者，在職場中形成一種單向度典範的權威。在此種文化的影響下，高階主管可能會以先入為主的刻板印象，預設男性較女性更適合擔任制訂組織發展方向和策略的職務。而部屬的知識、技能及工作績效等能力條件，反而不是影響升遷的最主要因素了。

再者，當女性員工知覺到工作環境中的差別待遇純粹來自性別而非能力績效時，則會產生不公平的感覺，進而影響其工作態度，甚至會自我放棄，使之無法發揮個人更大的潛能。在此種情況下，便容易產生不利於高科技產業中女性人力資源開發與運用的惡性循環。綜前所述，高科技產業女性員工在職場上，確實面臨職涯發展的玻璃天花板。

● 發掘女性等於提升競爭力！

在以人才為本的知識經濟裡，能力的重要性應當凌駕性別。因此，企業除了建立支援體系推動性別主流化政策以提升高科技產業中女性人力資源的開發與運用外，更應從導正高階主管的認知著手，訓練主管建立正確的升遷認知。工作目標的達成是個人能力與屬性所造就的，與性別的差異無關。過去未好好開發的女性人力，仍尚待企業發掘，進而成為企業長期的競爭優勢。

偏差駕駛行為有性別差異嗎？

林珮珺・國立成功大學交通管理科學系教授

關於此文

　　這篇文章介紹了由國立成功大學交通管理科學系林珮珺教授所主持的科技部 103 年度性別與科技研究計畫「駕駛性別差異、自我意識與偏差駕駛行為」之研究成果。

● 誰容易「路怒」？男女比例其實差不多

　　根據「2014 臺灣路怒大調查」指出，全臺約有四成的男性用路人有路怒情況，遇塞車、交通違規時，會暴怒甚至超速、闖紅燈；女性用路人則占三成八。男女容易路怒的比例其實相差不多（李樹人，2014）[1]。

　　路怒現象不僅在臺灣十分普遍，國外也有許多相關調查。根據美國「2012 城市壅堵與司機駕駛焦慮調查」顯示，全美約 1600 萬人在生活壓力下會出現「陣發性暴怒症」，其中最常見的就是開車時會因為交通狀況而發怒，進而引起情緒失控。

● 行車走馬三分險，職業駕駛風險高

　　據公路監理系統 2012 年底統計，我國領有汽領牌照之列管「職業駕駛」人數達 475,003 人，男女比例則約為 40：1。「職業駕駛」意指

---

[1] 李樹人（2014 年 1 月 27 日）。路怒族！平常文靜 一塞就抓狂。聯合晚報。取自 http://udn.com/NEWS/NATIONAL/NATS6/8452877.shtml

駕駛營業汽車且營業中之駕駛人，或以駕駛為職業之駕駛人，如載送乘客且營業中之計程車、遊覽車或客運駕駛、載運貨物之大貨車駕駛、受僱於公私立機關、學校或機構且執業中之駕駛。職業駕駛除具備相關職業駕駛執照外，還需熟悉道路狀況且具方向感。

駕駛是一種人們暴露於高度挑釁的情境，而自身個性容易影響人們駕駛時產生憤怒情緒的經驗（Millar, 2007）[2]。個人的侵略傾向會反映在其駕駛行為上（Parker et al., 2002）[3]。職業駕駛長時間身處道路進行駕駛行為，「行車走馬三分險」，不只危險也充滿壓力。此外，職業車輛駕駛在道路上發生意外的風險，亦比一般非職業駕駛來得高（Sullman et al., 2002）[4]。

● 女性職業駕駛是馬路三寶還是安心駕駛？

近年來，女性駕駛人數逐漸增加，女性駕駛的道路安全相關議題也漸漸浮現。2005 年中華民國汽車安全協會委託交通大學進行「女性駕駛人道路駕駛安全影響因素之意見調查」。此調查發現，女性駕駛多半「有禮行遍天下」，半數以上女性開車時都會特別禮讓行人，不亂按喇叭，並依規定行車禮讓。而女性開車最在意天候不佳的狀況，也擔心被不明人士攔車或被歹徒盯上，且女性駕駛相對較少超車或超速，較具有法治觀念和安全意識。此外，女性駕駛亦相對較在意其他駕駛人侵犯式駕駛行為所帶來的壓力，例如任意迫近、突然變換車道迫使其他車讓道、

[2] Millar, M. (2007). The influence of public self-consciousness and anger on aggressive driving. *ScienceDirect, 43*, 2116-2126.

[3] Parker, D., Lajunen, T., & Summala, H. (2002). Anger and aggression among drivers in three European countries. *Accident Analysis and Prevention, 34*, 229-235.

[4] Sullman, M. J. M., Meadows, M. L., & Pajo, K. B. (2002). Aberrant driving behaviours amongst New Zealand truck drivers. *Transportation Research Part F: Traffic Psychology and Behaviour, 5*, 217-232.

行駛時任意突然減速或煞車等惡意挑釁逼車行為。

　　然而，社會上普遍存在對女性開車的刻板印象，容易將女性駕駛與「馬路殺手」對號入座；女性駕駛被認為反應慢、技術差、事故多；甚至有網路鄉民認為馬路上最會造成危險的馬路三寶是「女人、老人、老女人」。再加上當女性職業駕駛發生嚴重車禍事故時，媒體多會點出其女性身份，加劇了性別偏見。例如「中山高嘉義路段發生一起重大車禍，一輛由女性駕駛從臺南出發開往臺中的國光號客運，疑似和轎車擦撞，車輛翻落邊坡，造成 3 死 25 傷」（呂妍庭、鄭光宏、楊逸宏、洪榮志，2012 年 11 月 25 日）[5]、「中衛物流公司女員工，駕車送貨時因伸手拿牛奶喝，將貨車開到對向車道造成機車騎士當場死亡」（溫于德，2013）[6]。在媒體放大報導的推波助瀾下，女性駕駛的交通意外事故受到民眾矚目，不僅「馬路殺手」一詞容易與女性駕駛連結，在此情況下，「女性駕駛較為保守且注重安全」的觀念受到挑戰。

　　但是，若從乘客的自身安全考量出發，人們卻可能認為搭乘女性駕駛的營業車輛更感到放心，尤其是女性乘客。澳洲墨爾本當地一個慈善組織曾在網路上發起「女性專用計程車」調查，600 個回應中有近八成受訪女性表示，如果駕駛是女性會感覺更加安全；逾七成人表示，會考慮選擇「女性專用計程車」服務（蘋果日報，2012）[7]。

---

[5]. 呂妍庭、鄭光宏、楊逸宏、洪榮志（2012 年 11 月 25 日）。擦撞失控國光號翻落國道邊坡 3 死 24 傷。中時新聞網。取自 http://tw.news.yahoo.com/ 擦撞失控國光號翻落國道邊坡 3 死 24 傷 -213000949.html

[6]. 溫于德（2013 年 12 月 19 日）。女司機喝牛奶 撞死騎士。自由時報。取自 https://news.ltn.com.tw/news/society/paper/739763

[7]. 蘋果日報（2012 年 12 月 16 日）。墨爾本明年將推出女性專用計程車服務。蘋果日報。取自 http://www.appledaily.com.tw/realtimenews/article/new/20121216/156995/

● 女性和具自我意識者的偏差駕駛行為較少

駕駛工作是複雜的資訊處理過程。駕駛過程中所經歷的各種駕駛環境與情況會導致駕駛人的壓力感受，進而增加駕駛人偏差駕駛行為的發生頻繁（Westerman & Haigney, 2000）[8]。而有越來越多國家的駕駛人其發生偏差駕駛的趨勢增加，在駕駛過程中表現出侵略性、暴力或魯莽的駕駛行為（Jovanovic et al., 2011）[9]。這類問題漸漸獲得重視，因此我們根據 Ellis（1958）提出的情緒 ABC 理論[10]，調查了公車和計程車司機的「公眾自我意識」如何與其「社交焦慮」相互作用，從而影響他們的偏差駕駛行為。

「公眾自我意識」係指個人對他人印象中的外在或社會行為的覺知程度；亦即個人注意力集中於自我作為一社交對象角色時，如何意識別人對自身的印象。這些印象往往包括個人的講話態度、外表、穿著等外在行為。公眾自我意識越高的人，通常也越關心自己的外表、行為型態，以及他們給別人的印象。「社交焦慮」則意指，在真實或想像的社會情境中，因人際間的評價或他人的預期所產生的一種害怕被別人負面評價所產生的焦慮。例如，公共汽車和計程車司機不像飛機機長或是捷運、火車駕駛員身處乘客不得擅自進入的駕駛室，其駕駛工作環境需頻繁與乘客直接互動，因此可能影響其公眾自我意識及社交焦慮。

我們量測駕駛員的公眾自我意識和社交焦慮，以及其超速、錯誤和

8. Westerman, S. J., & Haigney, D. (2000). Individual differences in driver stress, error and violation. *Personality and Individual Differences, 29*(5), 981-998.

9. Jovanovic, D., Lipovac, K., Stanojevic, P., & Stanojevic, D. (2011). The effects of personality traits on driving-related anger and aggressive behaviour in traffic among Serbian drivers. *Transportation Research Part F: Traffic Psychology and Behaviour, 14*, 43-53.

10. Ellis, A. (1958). Rational psychotherapy. *The Journal of General Psychology, 59*(1), 35-49. https://doi.org/10.1080/00221309.1958.9710170

違規之相關意圖和駕駛行為後發現，公眾自我意識和社交焦慮皆可解釋公車駕駛的偏差駕駛行為。女性職業駕駛的偏差駕駛行為比男性職業駕駛少；與計程車司機相比，公車司機的偏差駕駛行為更少。另外，3年內曾發生事故的駕駛員，其公眾自我意識比沒有發生事故的駕駛員更高，也就是更關注自我在公眾眼中的形象。

　　我們誠心建議，公車和計程車職業駕駛的專業訓練中，應納入了解與掌握自己情緒的項目作為就業的條件。透過教育訓練減少激進的駕駛行為，才能向公眾提供更好、更安全的服務。

高等教育職場中的同志
——性少數大學教師的勞動處境

于政民・高雄醫學大學性別研究所碩士生

| 關於此文

　　這篇文章介紹並改寫自由國立中山大學公共事務管理研究所彭渰雯教授所主持的科技部 106 年度性別與科技研究計畫「異性戀主義下『性少數』大學教師的學術勞動處境初探」之研究成果。本文經計劃主持人同意由作者撰稿。

　　雖然同性婚姻已於 2019 年合法化，2002 年臺灣通過的「兩性工作平等法」也早在 2008 年將名稱修改為「性別工作平等法」，以保障多元性傾向與性別氣質等 LGBT（Lesbian, Gay, Bisexual, Transgender）性少數族群的工作權。然而，訂定這些先進法律後，是否即代表性少數族群的工作環境真的平等、友善、免受歧視？在中山大學公共事務管理研究所彭渰雯教授的「異性戀主義下『性少數』大學教師的學術勞動處境初探」研究計畫中，藉由文獻回顧以及訪談 LGBT 大學教師的職場經驗，發現臺灣性少數族群在各種階段與場域中可能面臨到的處境與困難。

● 性別認同歷程的代間和性別差異

　　從研究中的訪談內容可知，即使如大學教師這樣高教育水平與高社經地位的職業，在性別認同發展過程中，仍有苦悶與掙扎的經驗，但其程度會依年齡性別而有所不同。在受訪者中年長一輩的男同志和不分年

齡的女同志，曾經有交往異性的經驗，有些為了迎合主流或家庭壓力，有些則是在探索自己的「真正」認同；而中青輩的男同志則較少做此嘗試。較年輕世代的性少數大學教師，因有較多機會接觸過性別平等相關論述，即使仍有對家人出櫃的壓力，卻較少有自我懷疑或勉強進行異性戀的無奈。

● 性少數大學教師在職場出櫃的三種型態

該研究也以是否於職場中出櫃的情形，將受訪者大致劃分為「高調出櫃者」、「低調出櫃者」與「原則隱藏者」。高調出櫃者通常有著高度自信和不錯的表現，但仍強調在職場中要能掌握權力與資源，也就是在學界要有一定的論文產出或對於性別友善的學科，才會是自在出櫃的環境。

相對於前述高調出櫃者，一些資歷較淺還未升等的年輕教授，則是以「順其自然的態度」來面對出櫃這件事，其中也有因家庭不支持以及曾受到上級質疑干預，而保持低調隨時警覺周遭是否有性少數不友善，因此不隨意出櫃的情況。

還有幾位不分年齡層的受訪者，在學校甚至是生活中完全隱藏同志身分。這部分與其所處環境的保守程度，以及自己本身曾經遭遇較大敵意或創傷有一些關係。有的是從小就感受到社會對於同志的不友善；有的則是學門風氣比較保守嚴格，且曾經聽過長官反同的言論；還有的則是在研究同志議題後，被莫名的否定、敵意甚至歧視。上述這些負面的人生經歷都讓受訪者不願在職場中出櫃。

● 大學職場中的「異性戀預設」和「微歧視」

除了是否出櫃的議題外，事實上在大學職場中的異性戀預設或是難

以察覺的微歧視，依然隨處可見。像是預設「人就是該結婚」並使用校方公共資源的未婚異性聯誼活動，或是在同婚前同志僅能以「單身」身分申請宿舍與跨性別的住宿問題，甚至是上述提過的長官與學術審查中對於性少數身分或議題的差別待遇與歧視等，都在在顯現即使有相關法令的規範與保障，大學職場中仍存在許多對於性少數的不平等。

● 建立一個真正的 LGBT 友善職場！

　　雖然性少數的社會困境不是僅靠職場友善就能解決，但是職場除了反映與延續社會宏觀的性別文化規範之外，確實也可能成為抵抗與改變這些宏觀文化的中介場域，許多學者對此提出了一些改善的理論與措施。如 Powell 即於 2011 年指出，一般組織可從三方面著手：推動無歧視環境，讓所有員工不因各種個人特質而有差別待遇；在各類型與各層級工作上，都有來自不同身分屬性員工；以及確實推動組織內多樣性的教育，鼓勵員工尊重其他團體的規範與價值。

　　上述原則皆很重要，但實際執行時要如何操作，才能讓大家都認為自己的文化被尊重，往往才是最大的考驗。而這些作法和原則要如何回應不同國家、學校、學科領域和系所的特性，也都需要在地化的檢視。因此該研究建議 LGBT 的學術工作者本身也可以考慮發起網絡或平台，讓 LGBT 學術人之間有更多支持與交流，一同促進性別友善的職場環境。

哇！原來這是性別與科技！？

4 健康與醫療

醫院應如何體貼男女病患的需求？

周瑛琪·東海大學企業管理學系特聘教授
兼療癒環境管理與研究中心主任
黃富瑋· 淡江大學蘭陽副校長室博士後

| 關於此文

　　這篇文章介紹了由東海大學企業管理學系周瑛琪特聘教授兼療癒環境管理與研究中心主任所主持的科技部 103 年度性別與科技研究計畫「應用服務場域模型建構醫療性別友善環境並進行投資效益評估」之研究成果。

　　媒體上，經常看到護膚產品是由女性代言、汽機車廣告多為男性擔任；這種安排難道顯示廠商鎖定的銷售對象只是單一性別？或者這只是社會上仍舊存在對兩性需求差異的刻板印象？

　　近年來，全球因「性別差異」而產生的議題涵蓋了政治、經濟、教育，到社會各個層面。但這不該只是口頭上的討論，最重要的莫過於實際去了解兩性各別需求及認知的差異，進而應用在生活上。如此才足以改善生活品質，促進社會的進步與融合。

● 對醫院環境的需求也有性別差異嗎？

　　在研究醫療健康領域時，我們針對男性與女性的需求，討論如何設計有效的問卷調查題目；一方面要顧及不同的生理特性，另一方面要考慮到男性與女性因為生活與工作環境的差異、以及在社會上扮演角色所引發的不同健康問題。本研究以實務研究問題切入，將圖 1「服務場域架構」模型圖應用於醫療體系之性別友善環境研究，希望有助於促成醫

療體系建立性別友善公共空間。

　　服務場域架構模型圖（如圖 1）的架構是由圖中左邊條列的「環境刺激因子」，引起中間「個人所有可能的感受」，導致右方三個面向的行為結果。服務場域架構的基礎來自「刺激→有機體→反應」理論。在模型中，服務場景的環境含有「刺激源」；顧客和員工是感受這些刺激的「有機體」；最後，人的行為就是「反應」。

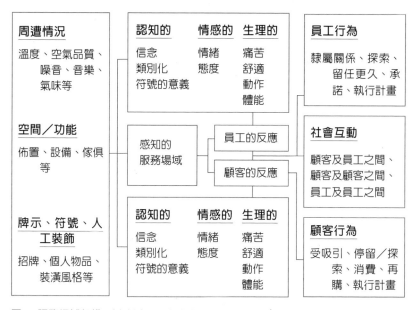

圖 1　服務場域架構　（資料來源：修改自 Bitner, 1992）[1]

　　環境心理學家認為，每個人對場域刺激會出現不同的行為。這些行為簡單來說，可分為「靠近」或「遠離」。靠近是指許多正面的行為，例如：欣賞、學習、願意逗留等；遠離則是相反的負面行為，例如：抱怨、

[1] Bitner, M. J. (1992). Servicescapes: The impact of physical surroundings on customers and employees. *Journal of Marketing, 56*(2), 57-71.

鄙視、不願逗留等。

除了影響個人行為，服務場景還會影響人與人之間的交流品質。以環境的安排為例，諮詢時身體接近的距離是否足夠提供隱私保障；座位間隔的安排是否能與陌生病患保持衛生安全的距離；空間大小和動線能否提供活動安全感等，都會影響人際之間的交流意願。若能提升人們的交流意願，也就能促進醫病關係，提高醫療品質。

從上述理論出發，是否能發現兩性對醫院環境需求的差異呢？

● 女性重視環境與隱私，男性重視活動空間

我們將問卷資料進行性別分析後發現，在「空氣品質」項目中，女性的感受出現負面評價；而在「現場佈置是否考量個人隱私需求」、「更衣空間整潔，具獨立性」、「健檢過程中服務人員是否主動提供適當遮蔽設備」、「進行身體檢查是否有專業人員陪伴，並提供協助」等環境因素中，女性表達的感受也出現許多抱怨。

從性別分析的屬性歸類中發現，男性認為環境品質屬性並不是影響他選擇醫院的條件；而針對環境品質有要求的皆為女性。此結果顯示了男性較無特別重視的醫療環境因子，而女性相對比較敏感。女性在「維持的空氣品質」中表現了負面反應，表示若是醫療空間的空氣品質越糟糕、越多難聞及刺鼻的氣味，越容易造成女病患者的不滿意。

另外，女性相對於男性而言，更加重視個人隱私需求、獨立且整潔的更衣空間、服務人員主動提供適當遮蔽設備，以及在就醫過程中可獲得專業人員陪伴；這些多屬於就醫安全感需求。男性則只對狹小的更衣空間不滿意，抱怨該空間不方便身體迴轉取衣物、穿脫衣褲展臂與抬腿；舒適較大空間會提升男性受檢者滿意度。

● 醫療院所該如何建構性別友善的環境？

因此，本研究針對醫療院所在週遭環境、空間及功能、牌示符號、服務人員的意識及態度等四個面向上如何建構性別友善的環境，提出以下建議。

1. 周遭環境：民眾對臺灣長期推動性別友善空間的了解多在於設置親子廁所、哺乳室、育嬰室換尿片設備等設施，因此已經習慣將這些設置視為性別友善空間的基本配備。但醫療院所若以為只要有上述的設施，就可以讓病患感受到性別友善服務，其實是不夠的。本研究顯示，針對友善醫療環境中重要的品質項目「空氣品質」，醫療院所不只要注意溫度給病患的感受，還要加裝空氣品質管理設備，過濾空氣，使空氣中彌漫清潔芳香的氣味，提供女性感受舒適的友善醫療場所。

2. 空間及功能：依據資料分析顯示，等候空間是病患及受檢者關注的品質重點。在臺灣，由於全民健保實施及部分負擔差距不大，許多病人都喜歡到大型醫院就醫。這使得民眾候診時間加長也易引發抱怨，因此等候空間的設計顯得更加重要。目前等候空間的設計，座位多呈現排座，統一面向前方的方式，一旦轉頭距離太近，便會有衛生安全疑慮，進而減少病患間的社交互動意願。如此一來，病人在沒有互動的情況下，會覺得等候時間更長更無聊，也造成社會支持的缺乏。因此，我們建議，醫院應多加利用各個零星角落設置不同的等候空間，並且在位置安排上考量社會互動的臉部距離需求，例如彼此座位呈 90 度角，或者面對面，以利交談和互相關心。另外，座椅亦可增加 USB 電源插座功能，方便候診者使用手機，以利排解漫長的等待時間，有效轉移不耐煩。

3. 標示符號：本研究中，男女填答者對於標示及符號皆強力要求大而明顯及能清楚標示目的地座落方向與距離，但並沒有特別期待有性別平等或是著重性別差異的文字及符號。可見，淺顯易懂才是重點。

4. 服務人員的意識及態度：病患會有身在陌生場所的安全感及效率需求，因此，若能有專業人員的陪伴最好，有志工引導次之。醫護人員應特別重視病患隱私，不可有戲謔態度。「能專注對談」對病患而言亦相當重要，不可一邊和同事談笑風生，那會使病患感到被輕忽。

此外，雖然院方的教育訓練皆一再強調尊重病人隱私，但是若能在硬體空間上也提供相對應的設備，將更有助於讓病患感到其隱私權受到尊重。例如，將一般開放式的報到及掛號櫃台空間，改成提供隔版或是有區隔的方式設置，以避免個人在填寫資料或是溝通訊息時產生隱私外洩的疑慮，同時也可避免其他醫療同事的亂入干擾。

● 建立專業與服務並重的醫療性別友善空間！

醫療體系一直以來都相當重視服務品質，近年來也在政府的大力宣導下，開始執行性別主流化的相關行動。醫療院所環境當然有其專業需求設置的考量，但服務業「顧客至上」的理念也不該被輕忽。

源此，本研究在建構友善環境設計時，即配合醫院的組織流程及發展方針，於實務場域中，進行納入性別考量的實驗設計，目的就是為了確認更多性別差異友善服務發展的可行性，希望促進醫療體系建立更進步的—性別友善空間。

落實性別隱私設計的醫院就診服務

鄭孟淙・國立臺北科技大學工業設計系教授

關於此文

這篇文章介紹了由國立臺北科技大學工業設計系鄭孟淙教授所主持的科技部 101 年度性別與科技研究計畫「從性別友善環境探討醫院等待空間之隱私設計」之研究成果。

過去，醫院的空間時常帶給人冰冷的感受，整體氣氛亦令人緊張不安。大部分的病人走進醫院總會感到陌生與緊張。對某些看診病患而言，進入醫院更可說是一種即將受到審判的象徵。

不過，隨著時代變遷，越來越多的民眾認為，醫院不應僅是治療疾病的空間，更應該是一種「療癒環境（healing environment）空間」。因此，友善公共環境的觀念逐漸導入醫院空間設計中。更多醫院開始透過提供掛號系統 APP、設置自動繳費機、優化指標系統等措施，提高民眾就診的效率。

然而，對於某些科別如泌尿科與婦產科門診而言，除了簡化就診程序與縮短等候時間外，還需要更多隱私的保障來維持醫病關係中的安心感。我們的調查便以泌尿科與婦產科為對象，了解其隱私維護的現狀與問題。

● 除了有效率的就診，還更需要隱私空間

泌尿科與婦產科的病人就診時，常遇到需要觸診的狀況。根據我們

針對二家醫院（簡稱 C 家、M 家）的問卷調查，33% 的病人對看婦產科感到尷尬；35% 的病人對看泌尿科感到尷尬。相較於其它科別，泌尿科與婦產科的病人更在意空間的規劃及流程是否能保有自身的隱私。實際上，這種不安心感常在病患候診時就已經開始。傳統觀念中，就診泌尿科與婦產科的病人常被刻畫出不孕等印象，讓候診病人倍感壓力與不安。因此當務之急就是避免門診科別名稱使用負面字眼，進而導致汙名帶來隱私侵犯。

另一方面，我們也到醫院現場進行「無妨礙觀察（Non-participant observation）」，並對所有就診過程進行行為編碼。本次調查顯示，婦產科候診時間平均為 37.5 分鐘（如圖 1）。我們發現，由於候診時間較長，導致病人不易注意到已經輪到自己就診，常發生護士大聲唱名尋找病患的尷尬場面。實際上，為了提高就診效率，也會出現護士一次叫數名病患至診間內等候，相互聽到彼此病情的窘態。

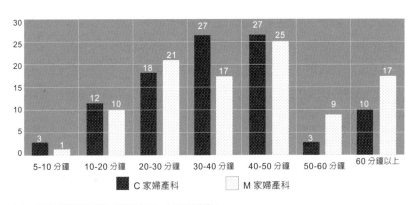

圖 1 婦產科候診時間 (資料來源：本研究計畫)

目前醫院候診空間設計多已透過換置暖光源、擺放沙發及播放音樂等方式，嘗試舒緩病人的不安。然而，本調查卻也反映出，病患願意增加等待時間換取單獨就診的機會。因此，就診過程除了必須提升效率外，

也應考量空間距離，增設不同的區隔裝置作為分流，避免因空間太小或
沒有區隔而透過聲音曝露病人的病情隱私。

● 隔簾有聲，好不安

對於泌尿科與婦產科的病人而言，最令人感到緊張的時刻即是接觸
性問診時。雖然多數診間內設有門簾，但仍有一半以上的人覺得在接觸
性問診時，聽到護士或其他民眾的聲音會感到尷尬（圖2）。根據調查，
在診間內最常出現令人尷尬的聲音，可能來自於送病歷資料的護理人
員、敲門諮詢護士的病患、共同進入診間內等候看診的病患等等。甚至，
有診間內候診的病患是由男性家屬陪同，這也會造成其他候診女性的隱
私受到嚴重干擾。

透過這些現狀問題觀察，我們發現，就診空間內人員的頻繁變換，
會導致病患易有不安的感受。雖然在問診區與診間內的等候區，偶有布
簾來區隔空間並建立視覺屏障，但仍然無法避免交談聲音的傳遞對候診
者造成的心理影響。

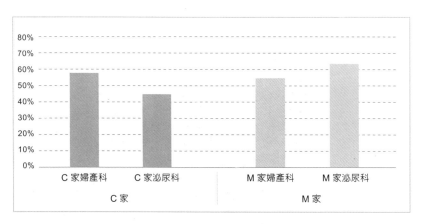

圖2 接觸性問診時聽到護士或等待民眾的聲音會感到尷尬的比例（資料來源：本研究計畫）

● 候診分流，重視病患的性別隱私

從設計手法來看，日本常見的候診室常有一大一小的兩個候診空間設置。就診病患一次一位進入診間與醫生對談，即將要就診的二至三名病患會先在診間旁的小空間候診分流。護士會與即將就診的病患說明注意事項及了解個別需求，其他病患則在另一個較遠的大空間等待。這樣的空間規劃分流可以使病人保有隱私進行安心的醫病溝通。

而若現有空間不足以提供大小兩室的規劃，亦可引導即將就診病患使用第一排座位或離診間門口最近的座椅，讓護士與病患的溝通更即時且順利，也可達成以距離來分流的目的（如圖3）。

目前醫院為了避免民眾直接破門詢問，診間前多設有投遞箱。該箱除了有健保卡報到的功能外，也是病患與診間內護士溝通的間接橋樑。然而，流程上必須徹底落實投遞箱的服務才能有效減少開門打擾，以及選擇會自動回彈的拉門或滑門也能降低聲音的干擾。此外，投遞箱與號碼顯示器應共同設置；號碼顯示器可一次顯示多筆號碼，讓病患有就診的心理準備。

圖3 利用診間門口座椅分流就診民眾（作者設計之就診空間）（照片由鄭孟涼提供）

就診完畢後，自動繳費機與線上批價繳費系統均能減緩人潮，讓批價與候診的病患能快速分流。而一個完善的、能預估就診時間的醫院 APP 掛號系統，亦能使就診流程更加順暢。未來的智能醫院除了能提供定期回診與出門時間的提醒外，或許也能在現場偵測並引導病患的候診位置。

● 就診隱私也該注重性別平權！

目前多數隱私空間都以女性科別為主，但在性別平權的時代，所有人都該享有隱私受到保障的權利及盡到保障他人隱私的義務，甚至是孩童自身的隱私也該有相對的保障。我們相信，從就診流程乃至診間體驗，透過性別友善環境探討醫院的隱私設計，是值得關注的議題。想想看，自己過去到醫院就診時，有沒有發生什麼不太好的體驗？這些感受都可以試著告知醫院，而醫院亦須重視這樣的意見與聲音，進而優化自己的服務。這些未盡完善的體驗，都有助於未來醫院在維護病患隱私的同時，能以更宏觀的通用設計觀點，帶給病患更完善的就診服務。

孕婦愛愛？
漫談人工生殖與自然懷孕的孕期性行為

劉俊毅・一般醫學科住院醫師

關於此文

　　這篇文章介紹並改寫自中山醫學大學護理學系李淑杏教授所主持的科技部 105 年度性別與科技研究計畫「接受生殖技術治療懷孕夫妻孕期性健康－性別差異與照護需求」之研究成果。本文經計畫主持人同意由作者撰稿。

● 孕期性事的十萬個為什麼

　　「性」就如同食慾、睡眠，不分性別與性向，是人類生理最原始的慾望。在現代社會中，性生活以及性行為的話題，不再如過去教人避之唯恐不及。諸如婚前性行為、性玩物、成人影集、適合不同年齡層的性知識與性教育，都逐漸擺脫汙名。

　　然而，儘管不同族群、性別與性向的性行為議題，在今日社會中已經不再被視為禁忌或疾病，但針對懷孕期間性行為的相關討論，卻仍然相當罕見。究竟臺灣的孕婦對於孕期性行為抱持著那些觀點和疑慮？她們的孕期性知識又從何而來？而自然受孕與採取人工生殖的夫婦，對於孕期性行為的態度又是否有所不同？

● 懷孕愛愛好危險？孕婦不為人知的煩惱

　　中山醫學大學李淑杏教授的「接受生殖技術治療懷孕夫妻孕期性健康－性別差異與照護需求」研究報告指出，採取人工生殖的夫婦，多半

對於孕期的性行為抱持著極大的疑慮。

　　人工生殖是一件複雜、帶有侵入性的醫療處置。同時，採取人工生殖的夫婦尚需負擔昂貴的醫療費用。多篇外國研究也指出，採取人工生殖的婦女，相較於自然受孕，面臨較多的孕期併發症，也較容易因多胞胎而導致早產，或者產出像是低出生體重等健康狀態較差的嬰兒。

　　此外，採取人工生殖對孕婦的影響可不僅止於生理層面！因為不孕而嘗試人工生殖的狀況，也可能對夫婦帶來較大的心理壓力與社會壓力。或許正是以上種種原因影響，導致許多採取人工生殖的孕婦，對於孕期的性行為多半抱著較大的疑慮。

　　而即便是自然受孕的夫婦，也普遍擔心孕期性行為可能對懷孕產生影響。李淑杏教授的研究指出，超過九成女性對孕期性活動抱有疑慮，包含擔心性行為會造成陰道出血、造成感染、傷害胎兒、羊水破裂，甚至擔心可能會因性行為導致胎兒早產。就算是在懷孕的頭三個月，也僅有約二到四成的夫婦會在此期間進行陰道性行為。因此，不論是自然受孕或採取人工生殖的婦女，都對於孕期性行為有所顧忌。

● 孕婦愛愛滿意度，人工或自然受孕有影響？

　　令人驚訝的是，人工生殖竟也會對孕婦的孕期性行為滿意度產生影響。李淑杏教授在研究中採用女性性功能指標量表（Female Sexual Function Index），透過 19 道題目評估採取人工生殖與自然受孕的婦女於第一孕期的性功能指數。問卷將「性慾望」、「性興奮」、「陰道潤濕」、「高潮」、「滿意度」、「疼痛」等六個次量表納入評估。接著，該研究針對此問卷結果進行統計分析。

　　統計結果指出，採取人工生殖的婦女，在性慾望、性興奮、滿意度、

陰道潤濕度等方面，均顯著低於自然受孕的婦女。不僅如此，採取人工生殖的婦女在性交過程、以及性交過後產生不適感或疼痛感的比例，也遠較自然受孕的婦女來得高。由於生理女性的性愉悅程度，是由生理、心理等多方面共同構築而成，在性交感受上的差異，或許也和採取人工生殖的婦女於孕期間所必須面對的風險與不確定性有所關聯。

另外，該研究也同時針對配偶懷孕期間，男性的性滿意度進行一系列比較。該研究針對男性的性滿意度與性功能，採用國際標準化的男性性功能評估方式－男性勃起功能品質量表（International Index of Erectile Function, IIEF）。統計結果顯示，無論配偶是透過人工受孕或自然受孕，男性的性滿意度並沒有達到顯著差異。這些發現皆體現出科技與性別之間密不可分的連動性，以及性別對於生理、社會等多層面的相互影響。

● 懷孕愛愛要問誰？臺灣孕婦的孕期性資訊來源

儘管多數孕婦對於懷孕期間的性行為抱持著較大的疑慮，而採取人工生殖的婦女之孕期性滿意度也普遍較低，但當孕婦們需要孕期的性資訊時，卻鮮少詢問醫療專業人員。

李淑杏教授的研究結果顯示，無論是自然受孕或採取人工生殖的婦女，透過自行搜尋以獲得孕期性資訊的比例，都高於詢問醫師或護理師的比例。其中，採取人工生殖的夫妻自行搜尋的比例較低（約五到六成），而自然受孕的夫婦，則有超過七成的比例會自行搜尋以獲得孕期的性資訊。研究結果亦顯示，有將近一半的夫婦，並不認為自身有孕期方面的性資訊需求。

而若將採取人工生殖與自然受孕兩組夫婦相較，兩者對於性方面的需求也不存在著種類與數量上的差異。這項研究結果也和過去國外學者所做出的研究一致。加拿大學者 Bartellas 在 2000 年的研究顯示，僅有 29% 婦女與醫師討論孕期性活動問題。在這 29% 的婦女中，更只有 49% 是由婦女主動提起。這顯示孕期婦女確實有性健康資訊的需求，但醫護人員在提供性健康資訊仍屬被動。西方社會如此，相形之下比較保守的華人社會，主動與醫護人員討論性資訊的婦女比例，自然也就更低了。

● 改善孕期性資訊，從醫護人員開始

個人對於性的資訊與認知是影響性行為的重要因素，若懷孕夫妻越了解有關性的生理及心理層面的正確資訊，他們在享受性關係上就越自在。李淑杏教授的研究發現，即便性生活在現代社會已非人人避諱的話題，孕期性知識的需求與傳播卻仍未受到重視。因此，研究建議，醫護人員本身除對性健康議題應抱持正向態度外，應更積極成為孕期性資訊的提供者，將性健康照護視為孕期健康照護的一環。

高齡了，妳還生不生？
醫生沒告訴妳的秘密

陳明莉・世新大學性別研究所副教授

關於此文

　　這篇文章介紹了由世新大學性別研究所陳明莉副教授所主持的科技部 101 年度性別與科技研究計畫「高齡婦女生育的醫療障礙與社會反思」之研究成果。本文摘錄並改寫自陳明莉 (2018)。高齡婦女生育的醫療處遇與社會偏見之反思，應用心理研究，**69**，207-251。

高齡生產是社會的趨勢

　　近年來，婦女生育模式產生了極大變化。由於主客觀因素的影響，愈來愈多女性延遲生育。高齡生產者的快速增加成為臺灣當前的社會事實與未來發展趨勢。根據內政部戶政司的最新統計，民國 108 年生母平均年齡 32.12 歲，較 68 年平均年齡 25.27 歲，30 年間增長了 6.85 歲（請參見圖 1）。

　　其中，被醫療界定為「高齡產婦」的 35 歲以上者之比率，自 68 年 2.39％逐年增加至 108 年 30.93％，提升了 28.54 個百分點。這顯示，35 歲以上的婦女已成為臺灣人口生殖的主力之一（請參見圖 2）。

高齡生產＝高風險？

　　然而，至今我們對「高齡產婦」仍然充滿疑慮與憂心，並且存在許

臺灣地區生母平均年齡及生第一胎平均年齡

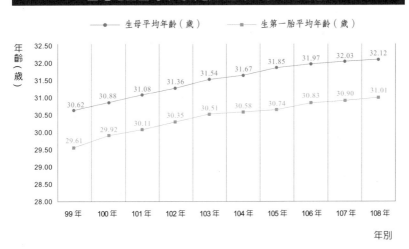

圖 1 臺灣地區生母平均年齡及生第一胎平均年齡（資料來源：內政部戶政司）

臺灣地區出生數按生母年齡

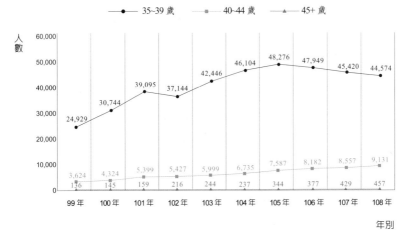

圖 2 臺灣地區出生數按生母年齡 （資料來源：內政部戶政司）

多歧視與偏見。尤其醫療界幾乎一面倒地將高齡懷孕者貼上「高風險」的標籤，更有甚者將之等同於一種疾病。媒體上也不時可見有關高齡生育的負面報導，他們經常引述醫療專家的說法，警告高齡產婦在懷孕過程中可能面臨種種困難與風險，且不斷提醒高齡生產容易生下畸形兒，讓一些有心生育的高齡婦女憂心忡忡，最後只能知難而退。

除了高風險的醫療論述對高齡產婦所造成的緊張、焦慮外，許多高齡媽媽也必須面對社會對高齡生子的偏見與歧視。由於固守傳統的「年齡倫常」，很多人對親子的年齡差距存有一種規範性的想像。因此高齡女性若欲懷孕生子，往往必須面對社會、家庭的壓力。一個高齡媽媽帶著幼兒出門，常常必須承受他人異樣的眼光，或被誤認為是隔代關係而產生的尷尬。

一位 41 歲生下第三個小孩的媽媽，即曾分享她常被誤認為阿嬤的不愉快經驗。當她帶小孩出門，不論是去公園或遊樂場，往往被誤認為是阿嬤帶孫子。聘僱來照顧小孩的年輕印尼移工，反而被認為是孩子的媽媽。有次她帶小孩打預防針，護士還笑著說：「妳孫子好可愛喔！」讓她感到哭笑不得。

此外，高齡媽媽也會因時不我予的時間壓力，擔心無法陪小孩太久，因而容易產生內心的愧疚感。一位 35 歲結婚、37 歲生下一個女兒、現年 40 歲的媽媽表示，雖然懷孕過程順利，但令她擔心是自己能陪伴小孩幾年？這種時間的壓力，常常會造成心理的焦慮和愧疚。

● 悲觀論述造成的生育焦慮

面對高齡生產的趨勢，至今，無論醫療和媒體總是缺乏積極論述與正面經驗的傳播。高齡生產的傳統論述，很容易將每件負面的、不足的、

不理想的事情，都歸因到高齡，而並未去考量個人生理、心理和社會條件的差異。這些廣泛存在於社會上的種種有關高齡生育的負面訊息與悲觀論調，儼然成為一種被人們普遍認知與認可的「常識」，很多高齡女性因而放棄生兒育女的心願與機會。

筆者本身亦曾為「高齡產婦」，在 40 歲生子之前，也曾面臨焦慮與掙扎。雖然在懷孕、待產、生子、育兒的過程中，仍然必須面對一些挑戰，但整體而言大多是正面且愉快的經驗。然而，這種正向的經驗卻很少被披露，並使其亦能成為高齡生產者的參照。作為性別和社會文化的研究者，這種有別於一般醫療論述和媒體報導的經驗，便構成本研究的強烈動機。於是，藉由科技部的補助，筆者花了兩年時間進行「高齡婦女生育的醫療障礙與社會反思」的研究，希望從人文社會的角度，提供另一種聲音和事實。

● 高齡生產的風險不是因為高齡

本研究分為兩部分：一、在國內成立最久、成員最多的懷孕育兒交流網站「BabyHome」及研究者自己成立的「高齡媽媽／產婦俱樂部」臉書社團中，對有關高齡生產的討論進行資料蒐集；二、針對 15 位生產年齡超過 35 歲的婦女進行深度訪談，理解她們的親身經驗。研究發現，年齡並非生育的主要問題，重要的是個人的身體、心理和社會條件是否適合。

本研究發現，一些有風險的高齡產婦，風險的成因並非源自年齡因素，而是年輕時即有生殖方面的問題。例如有幾位受訪者年輕時曾歷經不孕與多次流產，經過長時間的努力，才如願生下小孩。訪談亦顯示，許多「高齡產婦」的認知是被提醒的，而非自我的察覺。有多位受訪者，尤其是晚婚的婦女表示，一開始並未意識到自己是高齡產婦，當產檢時

透過醫生的告知，尤其是在被建議施做「羊膜穿刺」檢查時，才意識到自己是高齡產婦。

這種對高齡生產的風險論述，不但造成高齡婦女的焦慮，對年輕未生產者也相當程度產生恐嚇作用，讓年輕未生的婦女更加擔憂，造成生產的時間壓力。雖然受訪者對於高齡產婦的認識與理解大都負面，面對這些高風險論述，也經常感到緊張與擔憂，但她們的實際懷孕及生產經驗卻都十分順利。

● 高齡生產的社會優勢

本研究發現，儘管人們都認為高齡生育會有很大的風險，不利於母嬰健康，但女性生殖能力最強的時期，並不一定是她們生育的最佳時機。女性高齡生產的優勢在於其心智成熟、財力較佳、環境穩定。年紀較大的女性通常已經在社會上實現了一定的個人目標，因而更容易將精力集中在家庭；因為已具備了一定的事業基礎，她們擁有相對更豐厚的財力；從社會心理的角度來看，她們可能擁有一個更適宜嬰兒學習的穩定家庭環境。

因此，對婦女生育時間的考量，「社會時鐘」和「心理時鐘」更重於「生物時鐘」。換言之，高齡了，生不生？要考慮的不是年齡的數字，而是在本身的生理條件以外，更應該衡量自己的心理成熟度、經濟條件和養育環境。

● 破除高齡生產的偏見

依人口學者的觀察，延後生產已經成為二次人口轉變的印記，成為社會發展的趨勢；「高齡生產」並非社會或家庭的異常現象。當「少子化」

已成為國家和社會的危機，而「高齡婦女」已成為生育的生力軍之時，如果醫療和社會環境無法提供友善的支持力量，不但會造成高齡婦女生育的焦慮和壓力，甚至因而讓她們被迫放棄生育的選擇權，進而實際影響未來人口的成長。

因此，我們應該破除傳統的「年齡倫常」偏見，透過醫療、媒體與教育網路，提供更多元、更積極的高齡生產資訊，以建立更開放、更友善的醫療與社會環境，讓高齡女性在生產過程中，獲得更多的支持和鼓勵。此外，在醫療倫理中，更應加入禁止「年齡歧視」的條款，讓高齡女性在生育時，不致於受到不公平的對待，也讓高齡女性擁有更多的身體自主性與選擇權。

MC 經期前，為什麼我又失眠了？

溫婉琪 · 國立高雄師範大學性別教育研究所博士生

| 關於此文

　　這篇文章介紹並改寫自高雄醫學大學醫學系柯志鴻教授所主持的科技部105年度性別與科技研究計畫「經期前情緒障礙症黃體末期睡眠障礙之神經心理內分泌機轉」之研究成果。本文經計畫主持人同意由作者撰稿。

　　「月經」與女人脣齒相依，每月私密的降臨帶給女性獨有的福氣，也帶來不平等的禍水。因為經期間「荷爾蒙」（hormones）的滋養，女人得以容光煥發、健康與自在；但在月經前夕，妳是否曾出現情緒低落、焦躁易怒、胸部脹痛、腹脹、體重增加、或注意力不集中等症狀？除了上述情形，姊妹們還有其他被月經所苦的癥狀嗎？根據新近醫學研究指出，有些女性在 MC（menstrual cycle）經期前易發生「失眠」的情形喔！

● 「經期前情緒障礙症」小百科

　　國外醫學期刊已發表不少針對女性月經前諸多身體不適的研究，將之稱為「經期前情緒障礙症」（premenstrual dysphoric disorder）或「經前不悅症」或「經前症候群症狀」（premenstrual syndrome）。「經期前情緒障礙症」的產生與女性荷爾蒙相關；因荷爾蒙是形成女性月經週期的必要組成，若荷爾蒙異常，會造成女性諸多不適或疾病產生。除了可能發生在生理層面的胸部脹痛或腹脹、或體重增加、或疲勞、或認知層面的注意力不集中外，對女性情緒層面的影響更是巨大。除了女性

賀爾蒙左右身體舒適感，亦有越來越多研究發現其他造成身體不適之機轉因素。

● 女性月經前容易失眠？

近期國外醫學研究發現，「失眠」也是「經期前情緒障礙症」十分典型的生理症狀，大約有 70% 的確診患者曾有失眠或嗜眠的表現。也就是女性月經來潮前易出現白天嗜睡、晚上睡眠品質下降或失眠，及影響白天之精神狀況。這樣的睡眠障礙在月經來後的 2~3 天會自行改善，直到下一次月經來潮前又發生。

女性的失眠症狀與月經週期的關聯，國外已有醫學研究發現荷爾蒙在兩者間扮演的作用。在臺灣本土相關研究方面，高雄醫學大學醫學系精神科柯志鴻教授及其團隊為了精確調查荷爾蒙與經前失眠的關聯，以「質量混和研究法」針對 122 位成年女性在黃體期（luteal phase）間進行研究。實驗分為患有經期前情緒障礙症之實驗組與身體狀態較健康之對照組，前後追蹤一年多時間（105 年 08 月 01 日至 106 年 11 月 30 日），以量化記錄及質性訪談研究女性經前不悅症與睡眠品質的關係。

● 原來是「黃體素」（progesterone）影響女性經前失眠

該研究指出，荷爾蒙中的「黃體素」（progesterone）是影響經期前情緒障礙症的可能主因。黃體期（luteal phase）末期（即月經前）之足夠「黃體素」對於失眠症具有保護作用，亦即「黃體素」越高，失眠症狀越低。而患有經期前情緒障礙症的女性比起其他健康女性，其體內之「黃體素」於月經來臨前明顯下降，所以在經前便容易有睡眠品質不佳的問題產生，在生活上更容易受到月經週期的影響。

此外，過往研究發現經期前的睡眠問題與疲勞及注意力症狀三者相

關，但該研究近一步指出，月經來潮前睡眠之異常與交感神經或副交感神經並沒有顯著相關證據。故經前情緒障礙症之婦女在經前出現注意力不佳之症狀，並非認知功能下降，而應與失眠之關聯性較大。

● 女性經前失眠之謎期待更多研究

綜上，諸多女性在 MC 月經前易患「經期前情緒障礙症」，其中存在複雜之生理機轉，包括女性在經期前體內「荷爾蒙」會產生變化，及女性體內「黃體素」之濃度在月經前後亦會改變。此外，女性荷爾蒙相關之醫學研究也能成為藥物治療之參考。期待未來有更多醫學研究投入此領域，解開「經前情緒障礙」與「經前失眠」之相關機轉謎團，讓女人恣意舞動人生！

美容醫糾有溝怎麼通？女男各不同！

呂淑妤．國立臺北護理健康大學休閒產業與健康促進系教授

┃關於此文

　　這篇文章介紹了由國立臺北護理健康大學休閒產業與健康促進系呂淑妤教授所主持的科技部 104 年度性別與科技研究計畫「從性別觀點探討整形美容醫學的醫病溝通」之研究成果。

　　愛美不只是女人的天性！根據筆者執行的科技部一項對美容醫學的研究結果顯示：國人平均每人每天至少看到兩則與醫美相關的新聞報導，其報導主要對象為女性者佔了七成，以男性為目標者約為一成五；醫療糾紛主要是醫生和客戶的「審美觀」不同所致；研究也顯示，在面對醫糾難題時，如果主治醫師是男性，最好避免擔任第一線的溝通者角色，較容易平息紛爭。以下將詳述這些研究發現。

● 逾九成新聞提及醫師、護理師

　　根據衛生福利部的定義：「美容醫學」一般係指由專業醫師透過醫學技術，如：手術、藥物、醫療器械、生物科技材料等，執行具侵入性或低侵入性醫療技術來改善身體外觀，而非以治療疾病為主要目的，也就是大家俗稱的「醫美」。

　　美容醫學可分為三大類，包括：第一類光電治療（如：雷射）、第二類針劑注射治療（如：注射玻尿酸）、第三類美容手術（如：隆鼻）。為了瞭解美容醫學如何在媒體中被呈現，筆者在 104 年度科技部的「從

性別觀點探討整形美容醫學的醫病溝通」的研究計畫中，以關鍵字從四大報電子資料庫（聯合知識庫、中時資料庫、蘋果日報、自由時報），蒐集 99 年至 104 年間共 4,412 則報導，並透過 google 蒐集到 823 部影片。

研究發現，以 4,412 則相關報導的數量初估，民眾每人每天至少會看到 2 則與美容醫學相關的新聞。其中，針對醫學美容效果來看，過度渲染醫美效果資訊的有 183 則新聞（4.1%），例如：「一名 27 歲黃姓女子生完第 3 胎後，肚皮異常鬆弛，彷彿套了泳圈……自費接受腹部拉皮合併腹壁筋膜緊實手術後，腹部變得平坦……。」（104/06/10 自由時報），因為該報導強調外觀的異常、夫妻生活的干擾，後透過手術回復如常，因此被歸類為過度渲染效果。

在相關的影片內容分析方面，823 部與美容醫學相關的影片中，有 237 部影片也被歸類為過度渲染醫美效果（28.8%），如：「氦氖雷射治療 植物人會說話了」。實際上，氦氖靜脈雷射雖具活化生理功能，但不具有治療植物人語言功能的效果。

分析結果指出，在美容醫學新聞報導則數中，有 4,268 則（96.7%）提及醫師、護理師等專業人士；而提及醫院、診所的新聞則數稍低，共 3,244 則（73.5%）。此結果顯示，醫療專業人士及醫療專業場所是美容醫學新聞報導中重要的元素；如此呈現可以強調科學與專業，而專業人士又比專業場所更具有此意涵。

● 影片呈現女性要年輕美、男性重質感

另外，在 823 部與美容醫學相關的影片中，亦有超過七成以上的美容醫學影片，仍是以醫師、護理師等醫事人員為主導角色，搭配醫療專

業場所的場景。其中以男性為目標對象的影片，強調外在的變化來突出內在的特質，而且影片中外在體態焦點多半集中在手臂、腹部、鼻樑，較不受到年齡因素的影響，甚至有銀髮男性擔任主角，雖然也有以銀髮女性為主的影片，但在片尾又透過燈光、角度、粧容等微調方式，使影片中的人物年齡有微降的型態，以達到宣傳效果。

這部分的研究結果顯示，美容醫學相關影片的主要訴求對象，仍有超過八成以上是女性。在性別年齡方面，片中女性多以年輕族群為主；至於男性在影片中，較不受到年齡因素的影響，甚至有銀髮男性擔任主角。雖說也有以銀髮女性為主的影片，但到了片尾，又有許多稍將年齡調降的拍攝手法。不論新聞報導或影片，強調的客群仍以女性為主。

● 面對醫美糾紛，男女反應有別

除了分析醫美新聞相關數據之外，在深度訪談醫事人員、客戶（病人），以及專業人員後發現，美容醫學的主要客戶以女性為最大宗，佔了 80% 至 90%。從性別差異看來，有受訪者認為，面對醫美糾紛或爭議時，男性客戶的態度比較理性，女性則較偏重於情緒反應。有時遇到醫療糾紛時，若多送一點小贈品或療程，將有助於解決醫美糾紛。

值得一提的是，根據男性受訪者表示，若自己遇到醫療糾紛時，會選擇偏向理性對談。還有受訪者指出，男性為了顧及顏面，就算遇到醫美糾紛或爭議，有時寧可自己「吞下去」，也不願為了爭一口氣或討回公道，而被公諸於世。

此外，美容整形醫學的醫師一旦面對醫療糾紛或爭議時，其反應也會出現明顯性別差異。在此研究的受訪者提及，男醫師比較衝動，女醫師則比較柔軟、心平氣和。

● 重視性別因素，為醫糾溝通加分！

由深度訪談內容得知，整形美容醫學的糾紛或爭議大多牽涉到醫師和客戶雙方對「美」的主觀認知存有歧異，因為沒有一定的標準可言。為了降低醫美糾紛或爭議事件，在醫糾發生之前，除了醫師親自做好術前說明、談好所需費用之外，醫護人員也應做好衛教與關懷工作，更不要過度保證能「一次到位」，以免客戶產生期待落差而衍生糾紛。

另外，為了避免在處理美容醫學的爭議事件中，因性別刻板印象造成負面影響（例如「尋求美容醫學的女性客戶就是比較情緒化……」），建議在醫療機構裡負責處理醫美糾紛或爭議的公關部門人員，宜加強性別相關課程的在職訓練，減少對於性別先入為主的刻板印象，以免日後衍生醫美糾紛或爭議時，公關部門人員因內心產生排斥感而影響溝通效果。

在處理美容醫學糾紛的性別角色方面，根據受訪者建議，若主治醫師為男性，最好不要擔任第一線的溝通者角色，可改由醫療機構處理醫糾的專責團隊，包括：公關、社工、其他相關科系專業人員或資深主治醫師等人，出面與客戶溝通協調為宜。

此研究盼藉由性別觀點，呈現出美容醫學中醫病溝通的主要問題，期待能從客戶（病人）、醫師，及媒體等不同的視角來探討，並為日後相關議題的研究進一步提出具性別意識的醫病溝通策略建議。

注意力不足？
ADHD 的性別與感官差異

劉俊毅・一般醫學科住院醫師

｜關於此文

　　這篇文章介紹並改寫自亞洲大學職能治療學系林鋐宇副教授所主持的科技部 101 年度性別與科技研究計畫「注意力缺陷過動症與普通學童之視覺與聽覺注意力表現研究：性別屬性的影響分析」之研究成果。本文經計畫主持人同意由作者撰稿。

● 注意！注意力不足的一探究竟

　　注意力不足與過動，是阻礙兒童與青少年學習的重要原因之一。據統計，全球有近 5-10% 的學齡兒童被診斷有「注意力不足過動症」（ADHD）。這些學童無論是在校園、家庭或同儕互動中，都因注意力不足使得學習與互動狀況大打折扣。他們也因為無法像其他同齡孩子般專注地從事一項活動，而深深困擾著家長與教師。為此，許多學者潛心研究如何發展出對注意力不足的學童也同樣有效的學習策略。其中，亞洲大學職能治療學系的林鋐宇教授特別針對鮮少學者探討的「聽覺注意力」與「ADHD 患者的性別差異」，進行「注意力缺陷過動症與普通學童之視覺與聽覺注意力表現研究：性別屬性的影響分析」之研究。該研究透過多項臨床檢測注意力的評估量表進行比較，讓我們得以一窺「注意力」的面貌。

Gender, Science & Technology

● 看得出神 vs. 聽得入迷？視覺與聽覺的注意力差異

首先，林教授提出的問題是，人類在聽覺方面與視覺方面的專注程度是否相同呢？為此，林教授針對未罹患 ADHD 的學童進行了一連串視覺與聽覺注意力試驗。測試的項目包含維持專注的時間長短、視覺與聽覺的反應速度、視覺與聽覺的正確反應比例，以及接受試驗的過程中整體反應的一致性。

研究結果指出，儘管一般學童在視覺與聽覺方面的注意力程度相同，但聽覺的反應比視覺來得更快速且一致。這個結果顯示，對於多數人而言，聽覺刺激引發動作反應的機制比視覺刺激來得更直覺，且在經過了一段時間後，仍然可以沉著地對聽覺刺激產生正確的反應。

而在 ADHD 患者身上，我們也可以看出視覺與聽覺注意力的差異。在評估連續注意力的遺漏錯誤，以及反應時間、反應一致性方面，ADHD 患者的視覺注意力皆明顯比聽覺注意力更差；而聽覺注意力表現較差的結果僅呈現在選擇性注意力的衝動錯誤而已。

這項研究結果顯示，聽覺注意力不論是在一般學童或 ADHD 學童身上，都比視覺注意力的表現更佳。而 ADHD 學童身上，還有另一項沒有在一般學童發現的特質，即 ADHD 學童的視覺注意力在測試過程有較多無意義反應。這代表了 ADHD 患者較常在沒有任何視覺刺激的狀況下，主動進行作答。

● 女生比較細心？原來是女生視覺注意力比男生來得好

那麼注意力在性別方面又呈現怎樣的差異呢？林教授的研究指出，針對未罹患 ADHD 的學生，男學生的視覺注意力明顯比女學生來得更差，但聽覺注意力方面則沒有明顯性別差異。值得一提的是，在該試驗

的前半段，男學生在視覺方面較容易因遺漏而發生誤答；而在試驗的後半段，則是容易因衝動而誤答。此外，男學生在視覺方面需要花費比女學生更長的時間才能進入穩定的專注期，且較容易在長時間的專注過後，產生衝動。而從試驗結果中也能看出，不論在視覺或聽覺方面，女學生整體的作答態度都較男學生更加謹慎，較不會以作答的速度換取精確度。

● 被遺忘的注意力不足女孩？ ADHD 患者的性別差異

過往以醫院個案為樣本的研究指出，ADHD 的男性罹病率約是女性的 6 至 9 倍。因此，許多 ADHD 的研究都僅止於男性患者。近年來，改以社區採樣的大型研究則指出，社區當中的男性 ADHD 患者人數，僅有女性患者人數的 2 到 3 倍。那麼，醫院與社區樣本數量之間的巨大差異是怎麼來的呢？

國外的研究指出，女性 ADHD 患者的症狀，經常會以細微的肢體動作表現，並伴隨著內化的情緒疾病；而男性患者的症狀則經常是外顯的行為問題。因此，女性 ADHD 患者的症狀較容易被忽略，也造成女性 ADHD 患者的就診率低、長期隱藏在社區的情況。

林教授的研究亦進一步探討了 ADHD 患者在性別上的差異。在其所設計的標準化試驗當中，女性 ADHD 學童相較於男性，更容易因遺漏而發生作答錯誤，顯示女性患者的連續注意力較差，更容易分心。男性 ADHD 患者則是在聽覺方面，較常採用快速回應，而非謹慎回應的方式作答。

若將 ADHD 患者與一般學童比較，除了聽覺反應時間長短外，ADHD 學童在各項指標的表現均不如一般學童。同時，綜觀整體作答的趨勢，ADHD 學童的聽覺回應模式與一般學童之間的差異並不明顯。這

項發現暗示，即便同樣呈現注意力缺陷，ADHD 學童的聽覺系統呈現出更多接收外界資訊的可塑性。

● 從性別與感官差異，到差異化的學習策略

從上述的研究中我們不難發現：不論性別、罹病與否，學童普遍的聽覺注意力都較視覺注意力為佳。男性在視覺方面，需要較長的時間才能進入穩定專注期，也較容易提前分心。對於 ADHD 的學童而言，聽覺注意力受影響的程度也比視覺來得更少。那麼我們又該如何將這項研究結果，納入學童的學習策略？

林教授在研究結論中建議，針對普通男性學童，可在學習之前提供一段緩衝時間，讓其身心進入穩定狀態，再搭配於學習後半段的時間裡放慢速度，以提升學習成效。而針對 ADHD 學童，因其視覺注意力普遍較不足，故建議可以聽覺系統輔助需要快速反應的學習內容，例如理解文字或記憶學習，並指導孩童發展出以聽覺為主的學習策略，以協助處理罹病學童視覺注意力不足的困擾。

正因為學習成效深受注意力不足的影響，許多 ADHD 學童會因而錯過學習的黃金時期，甚至因為學習進度落後，而在學習上失去信心，進而放棄學習。是故，關於注意力形成的探究，以及將研究的發現運用於學習，才顯得格外充滿價值。

貧窮不但影響社經弱勢兒童和青少年的健康，還男女有別？

梁雅綸・時任國立成功大學計畫專任研究助理
莊佳蓉・國立成功大學公共衛生學科暨研究所副教授

▌關於此文

這篇文章介紹了由國立成功大學醫學院公共衛生學科暨公共衛生研究所莊佳蓉副教授所主持的科技部 105 年度性別與科技研究計畫「社經弱勢和健康的性別差異：臺灣低收入戶兒童少年追蹤調查」之研究成果。本文內容部分研究曾發表於 Liang, Y.L., Tsai, M.C., lin, Y. C., Strong, C., & Lin, C.Y. (2020). Poverty and the prediction of health status in adolescents from low-income families in Taiwan. *Journal of Public Health, 42*(1), 44-52. https://doi.org/10.1093/pubmed/fdy220

● 貧富不均造成的兒少健康不平等

貧窮對健康有不利影響，這並不是什麼天大的新聞（Williams & Collins, 1995）[1]。但較少為人知的是，並非貧困本身讓人生病，而是貧富不均讓人生病。因為社會經濟地位差異，富人最有能力維持健康；中間族群健康狀況次之；最弱勢者最無法享有健康。這樣的現象，稱為「健康的社會梯度」（Marmot, 2005; Krefis et al., 2010）[2,3]。

[1] Williams, D. R., & Collins, C. (1995). US socioeconomic and racial differences in health: Patterns and explanations. *Annual Review of Sociology, 21*(1), 349-386.
[2] Marmot, M. (2005). Social determinants of health inequalities. *The Lancet, 365*(9464), 1099-1104.
[3] Krefis, A. C., Schwarz, N. G., Nkrumah, B., Acquah, S., Loag, W., Sarpong, N., ..., & May, J. (2010). Principal component analysis of socioeconomic factors and

臺灣過去數十年來經濟發展迅速，整體財富增加，全民健保的實施讓醫療支出不至於成為家庭的負擔。然而，貧富不均所導致的健康不平等現象依然存在，而這也可能存在於兒童和青少年族群（Lin, 2011）[4]。來自社經地位弱勢家庭的兒童及青少年（以下簡稱「兒少」），其成長期可能缺乏足夠的營養攝取或是環境資源來維持健康，生病時也較難獲得醫療資源。這樣的情況長期下來可能影響學習，甚至影響將來取得較好工作條件的機會，進而導致經濟與健康不良的貧困循環。如果我們期望的是一個更美好、更平等的社會，兒少貧窮是我們需要面對的重要課題。

● 家庭收入並非影響兒少健康的主因？

對兒少來說，家庭的社會經濟地位可能是以「相對」而非「絕對」的方式影響健康。舉例來說，與他人相比之下，認為自身社經背景不如他人所帶來的不平等感，可能形成「相對剝奪感」，進而帶來壓力和沮喪，終致身心健康不良（Elgar, Gariépy, Torsheim, & Currie, 2017）[5]。但目前國家兒少社福政策，經常以「絕對」值設立補助門檻而不是以「相對」指標作為標準，例如以「家庭收入」未達縣市最低生活標準（貧窮線）作為給予補助的門檻。

然而，以收入為基礎的指標，可能無法反映兒少成長時得到的生活品質（Montgomery, Gragnolati, Burke, & Paredes, 2000）[6]。舉例來

their association with malaria in children from the Ashanti Region, Ghana. *Malaria Journal, 9*(1), 201.

4. Lin, Y. C. (2011). Assessing the use of the Family Affluence Scale as socioeconomic indicators for researching health inequalities in Taiwan adolescents. *Social Indicators Research, 102*(3), 463-475.

5. Elgar, F. J., Gariépy, G., Torsheim, T., & Currie, C. (2017). Early-life income inequality and adolescent health and well-being. *Social Science & Medicine, 174*, 197-208.

6. Montgomery, M. R., Gragnolati, M., Burke, K. A., & Paredes, E. (2000). Measuring living standards with proxy variables. *Demography, 37*(2), 155-174.

說，弱勢家庭可能表面上收入尚可，但長期可以運用的物質資源並不足。再者，兒少可能不完全了解自己與其他家庭絕對收入的高低，但仍可以很容易地將自家的物質資源多寡與同儕比較。

因此，有學者發展出以「擁有某些資源與否」為基礎的相對指標，將資產有無（有沒有零用錢、有沒有電腦等）與生活條件（家裡擁不擁擠、水電穩不穩定、有沒有蚊鼠、有沒有明亮的地方可以寫功課等）納入考慮，因為這些條件更可能反應兒少所感受到的社會經濟地位（Vyas & Kumaranayake, 2006）[7]。這類指標在高收入國家如加拿大（Vincent & Sutherland, 2013）[8] 和歐洲（Elgar et al., 2016）[9] 及較貧窮國家都會使用，因為這是很容易在社工家訪時「眼見為憑」的指標。以下將「以絕對收入為準的指標」稱為「貨幣指標」；「以家庭擁有的資源條件為準的指標」稱為「資產指標」。

● 貨幣指標或資產指標，何者能說出兒少健康中的貧富差異？

建立一個適合評估兒少社會經濟地位的指標，是了解社經地位對兒少健康發展影響的重要條件。但哪種指標更能反映社經地位對臺灣弱勢兒少健康的影響？這影響是否會有性別差異？為了回答這些問題，我們使用臺灣家扶中心的貧窮兒少長期資料庫，探討採用不同指標評估社經弱勢對青少年健康影響的差異，以及此影響是否存在性別差異。

[7.] Vyas, S., & Kumaranayake, L. (2006). Constructing socio-economic status indices: How to use principal components analysis. *Health Policy and Planning, 21*(6), 459-468.

[8.] Vincent, K., & Sutherland, J. M. (2013). *A review of methods for deriving an index for socioeconomic status in British Columbia.* Vancouver, Canada: University of British Columbia, Centre for Health Services and Policy Research.

[9.] Elgar, F. J., McKinnon, B., Torsheim, T., Schnohr, C. W., Mazur, J., Cavallo, F., & Currie, C. (2016). Patterns of socioeconomic inequality in adolescent health differ according to the measure of socioeconomic position. *Social Indicators Research, 127*(3), 1169-1180.

自 2009 年起，家扶基金會每二年調查一次曾接受基金會扶助的兒少狀況。我們使用受扶助兒少的家庭月收入建立貨幣指標；再從他們填答的問卷建立資產指標。其中的問卷問題包含資產和環境條件。最後，我們會依他們過去曾被醫生診斷出的某些疾病或是症狀，來作為分析依據。

研究結果是，經過篩選後的 2500 多名 12-18 歲社經弱勢兒少中，每人平均有 2.4 雙鞋；約 27% 反應家中有老鼠和蚊蟲；17% 認為家中太擁擠；約 20% 的人沒有固定且燈光充足的地方寫功課；約 33% 反映沒有可以上網的電腦。至於健康狀態，15% 的兒少表示曾有心理健康症狀。他們過去 3 個月內曾被診斷的健康問題依多寡分別為視力問題、牙齒問題、過敏、創傷、感染。而女生填報的所有心理和身體健康症狀都多於男生。

同時，我們比較了使用貨幣指標和資產指標來預測青少年健康狀況的差別（如圖 1）。在考慮性別年齡的影響後，資產指標對於預測心理健康、感染、創傷、跟牙齒問題的健康風險，出現了健康的社會梯度。也就是說，社經地位越弱勢的兒少，患有這些健康問題的風險越高；但在貨幣指標就沒有觀察到此趨勢。簡單來說，資產指標可以顯現出臺灣弱勢兒少的健康社會梯度，貨幣指標卻沒有辦法。

● 資源較少的兒少容易出現的健康問題男女有別

接著我們比較社經弱勢與兒少健康的關聯是不是有性別差異（如圖 2）。在考慮年齡的影響後，越弱勢的男生出現心理健康症狀、創傷和牙齒問題的風險越高。但對女生而言，則是心理健康症狀、感染和過敏問題會隨著社經弱勢程度增加而增加。也就是說，無論男女，較弱勢的兒少患有心理健康症狀機率都比較高，但在身體症狀部分，男生女生則不一樣。

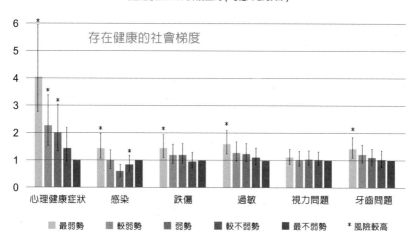

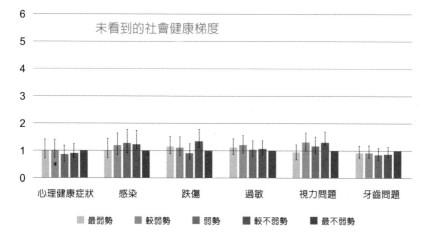

圖 1 貨幣指標和資產指標預測青少年健康狀況之差別(資料來源:本研究計畫)

資產指標預測**男生**健康問題

風險比和 95% 信賴區間 (考慮年齡影響)

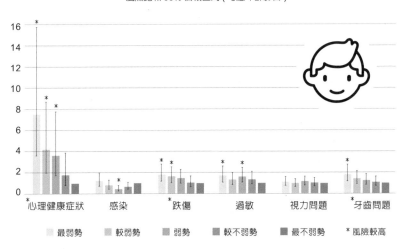

最弱勢　　較弱勢　　弱勢　　較不弱勢　　最不弱勢　　* 風險較高

資產指標預測**女生**健康問題

風險比和 95% 信賴區間 (考慮年齡影響)

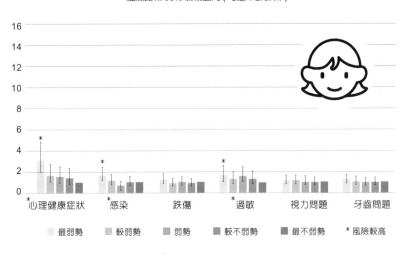

最弱勢　　較弱勢　　弱勢　　較不弱勢　　最不弱勢　　* 風險較高

圖 2 社經弱勢與兒少健康關聯中的性別差異 (料資料來源：本研究計畫)

這個研究告訴我們，在臺灣，「擁有某些資源與否」比家庭收入更可能反映社經弱勢兒少的身心健康不平等，特別是不分男女的「心理不健康」與擁有較少資源有明顯相關。

其次，「身體不健康類型」與社經地位的關聯也有性別差異。這可能是因為不同性別可能出現的健康問題就不一樣。比方說，男生較有可能因跌倒受傷而有外傷，或是較容易有牙周健康不良的情況；女生進入青春期內分泌改變較劇烈，可能會有與免疫相關的不舒服感受。但該研究發現也可能反映了，當家庭資源有限時，父母可能會選擇性的關注和照顧這些因性別而異的症狀，決定要或不要尋求醫療幫助。

● 建立家庭資產和資源並重的指標，改善兒少健康不平等！

我們發現，即便臺灣擁有全民健康保險，兒少健康不平等的社會梯度仍然存在。目前包含臺灣在內的多個國家／地區，主要還是以家庭收入做為福利補貼的評估標準。但這樣是不夠的，可能會忽略家庭資產支持兒少身心健康的重要性。對於社經弱勢的兒少來說，更能直接反映他們身心健康的可能是家庭物質及環境資源的多寡，而不是家庭收入。因此，我們應考慮將家庭資產和資源作為補充評估指標，以便更能幫助到需要支持的家庭。

哇！原來這是性別與科技！？

⑤ 醫學教育

哇！原來這是性別與科技!?
Gender, Science & Technology

教學門診中消失的病人與性別敏感度

張妤安・世新大學性別研究所碩士生

關於此文

　　這篇文章介紹並改寫自長庚大學醫學系方基存教授所主持的科技部 105 年度性別與科技研究計畫「性別、知識、身體與權力：探討教學門診中醫學生的關懷教育」之研究成果。本文經計畫主持人同意由作者撰稿。

　　「教學門診」是臺灣醫學生實務學習的重要場域。相較於其他臨床觀摩的場合，教學門診不僅有更充分的時間能讓學生實際參與問診、檢查身體等演練，參與的病人也由主治醫師特別挑選病症不複雜的個案，以利教學的進行。在這個同時結合「教學」與「真實醫療情境」的環境中，學生所有的表現，都會在老師的督導下進行並於事後給予建議。

　　然而，這也意味著主治醫生必須同時身兼「醫者」與「師者」兩種角色，病人的身體也於「病者的身體」和「展示患病的身體」間交錯，使得醫／病、教／學之間形成複雜的權力關係。長庚大學方基存教授即透過「性別、知識、身體與權力：探討教學門診中醫學生的關懷教育」研究計畫，從性別與身體政治的角度切入，試圖對教學門診的制度提出建言，希望能解決當代醫學只見「疾病」不見「病人」的缺失。

● 病人在教學門診中是「主角」、「活體教材」還是「教學夥伴」？

　　病人的感受和身體界線的設定，會受到性別角色、醫病關係穩定度

與門診環境等因素影響，因此主治醫師／老師能否細緻的體察病人整體狀況並作出調整，便顯格外重要。

教學門診病人較常面臨的狀況是，醫師在看診時過於專注「講課」，或大量使用專業醫療術語，因而忽略和病人的溝通，使病人淪為「疾病展示機」。此時若主治醫師有良好的主持、經營技巧，就能避免這種不舒服的感受。有醫師便認為應將教學門診病人視為「夥伴關係」，以交叉對話的技巧，將所有的對話都各以「師生的語言」和「醫病的語言」講述一次，盡量避免使用第三人稱，讓病人能加入討論。

研究也發現，自願參與教學門診的病人，對於課程多採「包容」態度並預先設下看診的底線，亦會因醫師／老師的年齡和性別而自動調整身體界線。雖仍有少數病人是因長期倚賴醫師照顧，為了達成看診目的才勉強配合教學，但部分病人面對狀況時，其實會發展自身的應對策略，適時主動詢問，展現出能動性。

● 如何「看見病人」：社會醫學的實踐與教學

疾病的發生與治療，經常不僅是生理問題，更涉及個人習慣、精神壓力，甚至深受工作及社會環境影響。當醫師面對來自不同背景的病人、病患家屬與陪病人，亦需要在溝通詞彙、肢體語言與態度上轉換配合。因此，好的醫療除了要有「生物醫學」的觀點，也需要洞悉病人在生理－心理－社會之間的構連性。

該研究便指出，「社會醫學」觀點的培養，可謂教學門診中的「潛在課程」（hidden-curriculum）。由於教學門診中採師徒制的帶領方式，醫師／老師對疾病的詮釋及醫療風格的演示，都在在影響了醫學生對於醫病關係的想像。

　　然而，並非所有參與教學門診的老師，都能具備社會文化知能，加上醫學教育長年過度偏好生物醫學知識，造成老師不願在社會醫學的教學投入時間與心力。尤其在現代講求看診快速、診療效率的醫療制度中，如何讓學生培養出社會文化敏感度，同時又能理解到現行體制的侷限，並以此彈性調整、融入不同醫學觀點，將是一大難題。

● 反思教學門診：醫、學、病如何共生？

　　教學門診中由醫、學、病三者構成複雜的權力關係，不同於其他臨床場合，除了需要生物醫療的知識，更仰賴經營技巧、應對策略及文化敏感度。但現今的醫療體系，並未給予更關照病人的醫師實質回饋與鼓勵，教學中也較缺乏有關「關懷」、「性別敏感度」的指導與評核。

　　當醫學漸漸呼籲「以病人為中心」時，教學門診中權力關係的研究，提供我們很好的反思，也對制度提出了建言：唯有在看見「疾病」的同時也能看見「病人」，醫界「全人醫療」的理想才有實現可能。

醫學院沒教的性別課
—被性別耽誤的「女」醫生？！

劉俊毅・一般醫學科住院醫師

┃關於此文

　　這篇文章介紹並改寫自高雄醫學大學醫學社會學與社會工作學系陳建州副教授所主持的科技部 105 年度性別與科技研究計畫「醫學系男女學生的職業生涯想像差異與影響因素」之研究成果。本文經計畫主持人同意由作者撰稿。

　　2019 年臺灣的同性婚姻合法化，性別差異也隨著教育普及、時代前進而不斷改善。儘管男性數理強、女性文科強的刻板印象依然存在，但傳統上以男性為主的醫學系中，女生的數量卻明顯增加，甚至有幾間醫學系男、女生人數相去不遠！那麼，在這個醫學系男女學生比例逐漸平衡的同時，我們是否可以期待這些未來的準醫生們在性別意識上也能大幅領先，進而影響到傳統醫學領域中由男性主導的慣習，使女性醫生的地位逐漸抬頭呢？

● 醫學系男女比例的平衡，代表了白色巨塔中的性別平等嗎？

　　如果仔細檢視不同科別、不同層級的醫師，便能清楚看見醫師群體隱而未顯的性別差異：院長、副院長、主任等主管多由男性醫師壟斷；而女性醫師則高度集中於兒科、眼科、婦產科及家醫科，鮮少選擇泌尿科、神經外科、骨科等科別。進入醫學系的性別差距日益縮小，但醫師科別的選擇卻有著高度的性別差異化－這不禁教人好奇：介於其中的「醫

學生」，其性別觀念在求學階段究竟產生了甚麼樣的轉變？不同性別的醫學生，又是如何看待未來的家庭與職涯規劃？

為此，高雄醫學大學的陳建州老師展開一項研究：蒐集超過 400 名醫學生的問卷，試圖了解不同性別醫學生的性別意識是否具有差異，以及自己的性別對未來職涯發展又會產生甚麼樣的影響。

● 性別角色態度影響職涯發展？

研究分成「性別刻板印象」以及「性別對職涯的影響」兩個部分。首先，研究發現相較於男醫學生，女醫學生較不具有「男主外、女主內」、「男性應該陽剛、女性應該陰柔」、「男性數理好、女性文科好」這三類刻板印象。而在「男性社經地位優於女性」和「男生應該懂電腦與水電、女生應該懂烹飪」這兩類與工作有關的刻板印象上，醫學系的男孩和女孩的態度差不多，但整體來說女孩的觀念更傾向性別平等。

有趣的是，隨著年級的增加，男、女醫學生皆在「男主外、女主內」的態度上越傾向於男女有別，且醫學系女學生對「男性社經地位優於女性」的態度漸趨於平等。而正是這些對於性別角色態度的差異，造成了男女醫學生對於工作與家庭態度上的不同！

● 醫學系女生：為了家庭必須妥協自己的職涯

醫學系女生愈認同「男主外、女主內」和「男生應該懂電腦與水電、女生應該懂烹飪」的話，她評估婚姻、生育對於自己工作的衝擊就會越高。換句話說，一位傾向男女有別的女性，可能會預期自己必須肩負母職，所以當工作與家庭面臨選擇時，就必須調整原有的工作、配合男性進入家庭。

● 醫學系男生：為了家庭必須積極爭取職場升遷

反觀醫學系男生，若越認同社經地位應該男高女低的話，他認為家庭對工作的衝擊就越高；而越認同「男性數理好、女性文科好」的話，他認為家庭對工作的衝擊就愈低。換句話說，一位強調男性地位應該高於女性的男醫師，可能會預期自己在為人夫、為人父的時候，必須調整原有的工作，積極爭取職位升遷，或者努力加班賺錢養家。而另一方面，一位強調男性與女性在擅長的學習領域上有所差別的男人可能認為，女性更應該配合家庭犧牲工作。

最後，醫學系的男孩擔任主管的企圖心，明顯高於醫學系女孩；並且女孩較有可能認為結婚和生育對於「擔任主管」會有負面影響，所以當面對家庭與升遷的抉擇時，醫學系女孩的企圖心便會低於醫學系男孩。

● 醫學教育應更重視性別平等！

從這項研究中，我們發現儘管醫學系的男女比例日趨平等，但隨著年級越高，男女醫學生在「公/私領域分布性別差異」的態度上越傾向於男女有別，「性別平等」很可能是醫學系中，始終缺少的一堂重要課程。醫學院作為一個教育系統，不但不能降低醫學生對於傳統性別角色的態度，更可能隨著年級的發展，漸漸形成「男、女分別有適合的科別與職級」，導致男女醫師在醫療職場上發展出大不同的結果。

我們無法得知這樣的情況是否因醫學教育（包括潛在課程）所致，但進一步檢視醫學教育確屬必要。或許未來，我們更應該在醫學教育與生涯規劃中，強調醫師生涯與性別意識，才能減少那些被性別耽誤的「女」醫生。

「男」丁格爾的吶喊 ——
在專業與性別角色間尋求平衡的男護生

吳曉明 · 長庚學校財團法人長庚科技大學護理系助理教授
劉杏元 · 長庚學校財團法人長庚科技大學護理系教授

┃ 關於此文

這篇文章介紹了由長庚學校財團法人長庚科技大學護理系劉杏元教授所主持的科技部 102、103 年度性別與科技研究計畫「男護生陽剛特質實踐之民族誌研究」共三年計畫之研究成果。

● 「男」丁格爾的困境

根據教育部統計，2019 年護理系男學生的人數佔全體護理學生人數的 12.1%（教育部統計處，2019）[1]；然而，2019 年護理人員執業登記資料卻顯示，男性護理人員僅佔護理人數的 2.9%（中華民國護理師護士公會全國聯合會，2019）[2]。這樣的落差表示男性護理人員進入就業市場機會可能受限，且出現高離職率之人才流失狀況。

傳統上，照護工作多半由女性擔任，所以當男性進入護理專業時，便會受到不少質疑和挑戰。其實男性護理師在歐美地區已司空見慣，但

---

[1]. 教育部統計處（2019）。性別統計指標彙總性資料－學生。取自
https://depart.moe.edu.tw/ed4500/News_Content.aspx?n=5A930C32CC6C3818&sms=91B3AAE8C6388B96&s=596D9D77281BE257

[2]. 中華民國護理師護士公會全國聯合會（2019）。台閩地區護理人員統計表。取自
https://www.nurse.org.tw/publicUI/H/H10201.aspx?arg=8D68860750A36CC005

臺灣護理人員仍大多為女性，導致男性進入護理學校成為男護生時，在生活和學習上都受到許多衝擊，像是師長的特別對待、病患的拒絕和不信任等。

在這個性別二元的父權社會中，這群「男丁格爾」不斷地在「像個男人」及「做女人工作」的衝突中，尋求自身角色的平衡。他們如何在護理的學習過程中，突破性別刻板印象，在專業中驕傲地展現自己的男性本色呢？本文即透過科技部「男護生陽剛特質實踐之民族誌研究」（以下簡稱本研究）探討此一問題。本研究以立意取樣，選取北部某科技大學為個案學校，採三年縱貫研究設計，以質性研究取徑，應用民族誌方法論，以參與觀察、焦點團體訪談，以及與關鍵報導人個別深度訪談進行資料蒐集。

● 男護生的吶喊：「為什麼每次都是我？」

在護理專業學習歷程中，有許多課程必須使用同儕的身體作為課程教材來相互練習，例如身體評估課程時同儕之間要拉開對方上身衣物練習聽診或觸診。過去全班都是女生時，互相練習並不尷尬；但在男學生進入護理課堂學習之後，社交場合女生不能在男生面前裸露身體，於是老師每次解說，都直接請男護生上台示範。這在現行的性別秩序中，似乎是理所當然的；但對於身材並不健美或個性害羞的男生，在全班面前展露身材會讓他們感覺自己是被迫的，若拒絕示範似乎就得承受妨礙全班學習的責難。

另外，有任何搬運重物或跑腿勞動的工作時，通常老師、同學也會「自然而然」請男生優先協助。老師還理所當然地解釋：「這不是性別歧視，這是男女天生構造不同，男生有力氣」。選幹部或小老師，以及老師問問題要求同學發言時，班上的少數男性通常會成為唯一的人選。

這些情況不禁讓男護生大喊:「為什麼都是我?」

護理專業中的性別印象

過去護理學校全部都是女性,從制服的設計到加冠典禮(以護士帽加冠來表現進入專業的象徵),都是以女性為設計對象。當男性進入校園後,就更突顯出護理專業中皆以女性為主要考量,例如某些制服上的圍裙設計、要求學生長髮一定要梳成包頭、上衣通常設計要紮入褲子、不得配戴垂掛式耳環等等;但針對男性的要求反而較少。

後來,針對男護生的加冠典禮,各校多以聽診器、背帶、或胸章來取代護士帽,而女生依然一律以「戴護士帽」做為即將進入專業的象徵,其中依然帶著相當多的性別意涵。

護理專業人員的理想形象多以「美德」為訴求,包括具良好的溝通能力、待人謙恭有禮、外觀整潔、親切溫柔、具有同理心等等,皆以符合社會期待的女性特質為主。這也導致男護生不敢告訴別人自己就讀護理系,或者只想以護理系為跳板,以進入其他更「專業」的健康科系。

被性別刻板印象束縛的男護生

展現陽剛特質常是男性建構自我認同的重要行動。在重視女性特質的護理照護專業中,男護生常會試圖在各個角落展現自己的陽剛特質。有男護生提到,他不喜歡做鋪床、擦澡等工作,覺得那些應是家屬的工作;喜歡如打針這種比較專業的工作,覺得自己戴起聽診器就搖身一變成為「醫師」的形象。

本研究更有趣的發現,男護生在學校宿舍生活中,即使原先自己的衛生習慣是清潔有序,但因為「男生就是髒亂」的刻板印象,反而使他

容易感受到來自同儕與室友的壓力，擔心被認為是「娘娘腔」或男同志，讓他「太乾淨也不行」。有人甚至會出現堆積垃圾、破壞宿舍的行為，以違反規範來展現陽剛。

● 男護生不能進產科實習？

在醫院的護生臨床實習中，若遇到必須觸碰異性身體較私密處的情況時，為避免性騷擾的疑慮，通常會有同性別的工作人員或病患家屬陪伴。即使如此，男護生在這種情形下也常會遭到拒絕，特別是產科病房及產房實習，導致男護生常因難以克服可能被拒絕的心理障礙而卻步。這種「男女授受不親」的傳統性別規訓，連有些實習老師也只能順從，要求男護生在產科實習時只能待在護理站做讀書報告。甚至有男護生表示，自己曾在實習中假裝是「醫生」來逃避可能有的性別壓力。

不過，仍有具性別意識的護理教師，在對產婦及家屬詳細解釋後，讓男護生得以順利在照護過程中全程陪伴，男護生的專業及細心獲得家屬的讚許，使男護生在產科實習留下深刻的學習經驗。

然而，亦有受訪者認為，反正以後沒機會去產科領域工作，產科實習就不用太認真。在臨床上，男護理師也確實多被安排在須付出較多勞動力的科別，如急診、精神科等。專業的培養依然難逃性別刻板印象的阻礙。

● 護理教育者應具備性別意識

這項研究帶領我們省思護理專業中的性別議題。性別無所不在，並非有了專業的訓練就不需要考量到性別本身的社會意涵。過去女護生在照顧男患者時，同樣也有性別上的尷尬感受，卻可能因女性被教導成較順服的性格，較少主動提及。而男護生的加入，使得護理教育中被忽視

的性別差異更為明顯（Liu & Li, 2017）[3]。

護理工作原本就是身體的工作，一定會和病患身體有親密碰觸。在護理教師過去的專業訓練中，較缺乏性別面向的學習和思考（吳曉明，2020）[4]。雖然護理教育在男護生加入後受到許多挑戰，但換個角度想，這也許是反思性別教育必須進入護理教育的好時機，護理教師也應該被培力。而在性別多元族群逐漸被社會認同的今日，同志、跨性別者等群體的醫療需求亦應納入考量。性別意識的培養成為現今護理專業中不可或缺的一部分，我們期待護理教育中能看見更多的性別。

● 別讓性別阻礙個人發展！

在職場中，除了男性護理人員或男護生像是身處「女人國」外，其實女性在醫師、律師、警察等幾乎清一色是男性的行業中，同樣也面臨少數弱勢的處境。例如開刀房男醫師手術後會在更衣室進行討論，但女醫師卻因為性別關係無法加入而缺少了學習機會；女醫師、女檢察官升遷也較男性困難；女警多被認定較沒能力面對危險事件而被安排內勤工作，這不僅忽略個人意願，亦限制了女性在專業中的發展（游美惠，2012）[5]。

職業的性別刻板印象隔絕了個人的夢想和能力。以日本為例，在2018 年也曾爆發更改優秀女性考生分數、讓更多男性考上醫學系的醜

---

[3]. Liu, H. Y., & Li, Y. L. (2017). Crossing the gender boundaries: The gender experiences of male nursing students in initial nursing clinical practice in Taiwan. *Nurse Education Today, 58*, 72-77.

[4]. 吳曉明（2020）。讓護理人員看見性別：培養具性別意識的護理人員。性別平等教育季刊，**89**，17-23。

[5]. 游美惠（2012）。性別友善的醫療環境與空間。載於楊幸真主編，性別與護理（頁 293-312）。臺北市：華杏。

聞（中央通訊社，2018）[6]。專業與性別是否劃上等號，值得我們反思。我們期待更多性別教育的實施，能沖淡對職業的性別想像，讓每個人，無關性別，都能在專業上發光發熱。

[6] 中央通訊社（2018）。女考生一律扣分 東京醫大刻意減招遭批。取自 https://www.cna.com.tw/news/firstnews/201808020103.aspx

當性別遇上醫學
─「性別 ‧ 醫療」資訊平台簡介

劉俊毅 ‧ 一般醫學科住院醫師

關於此文

　　這篇文章介紹並改寫自高雄醫學大學性別研究所成令方教授所主持的科技部 106 年度性別與科技研究計畫「性別融入醫學教育之創新：發展具有性別觀點的醫學教學與教材」之研究成果。本文經計畫主持人同意由作者撰稿。

● 「性別 ‧ 醫療」─整合多元觀點的性別醫療議題網路平台

　　2021 年的今日，「性別」早已是眾人耳熟能詳的議題。從早年通過的家暴防治與性平法案，到近年的同性婚姻合法化，乃至今日持續引發熱議的伴侶制度與多元成家。這些以性別出發的制度革新，透過反覆的辯證與對話，讓我們不斷邁向更加多元而平等的社會。

　　與此同時，現代醫療儘管在診斷工具與治療技術上日新又新，一旦提及疾病，還是強調「醫學生理學」至上，經常忽略了社會、文化、性別等因素對醫療處置的影響。然而，當我們戴上具有「性別」觀點的透鏡，就會發現，藏身醫療領域的性別議題，其實遠比想像中還多得多。

　　高雄醫學大學性別研究所的成令方教授即透過科技部的計畫，建立了便於使用的網路平台「性別 ‧ 醫療」（https://gms.kmu.edu.tw/），提供各類性別與醫療相關的時事話題與議題探討，期望能帶動各界關注

醫療領域中的性別議題。在此，本文僅將簡介其中幾項有趣的議題。

● 年老色衰是種病？被「醫療化」的女性更年期

一般我們談及熱潮紅、情緒起伏、睡眠障礙等諸多更年期症狀，婦產科醫師的建議不外乎是定期回診改善症狀、補充女性荷爾蒙等處方。可見，在現代醫療的觀點中，更年期就如同肺結核或胃潰瘍，是一種需要「治療」的症狀。正如同成令方教授在成果報告中指出的，「更年期經常與負面的形象相連結，並且確實在特定女性身上發生若干不適的狀況，因故『婦產科醫學界還會建議婦女吃賀爾蒙補充的藥丸，認為更年期婦女需要補充逐漸降低的女性賀爾蒙以維持青春』」。

事實上，僅有大約 10%-20% 的女性在更年期當中因為經歷嚴重的症狀，以至於期望透過醫療介入來改善生活品質。

在更年期治療的議題中，我們不難看見，現代醫療診斷準則的背後，亦不純然只有醫學知識上的專業判斷。醫療診斷的準則，有時候也反映了社會主流價值對於「健康」與「疾病」的二元假設。那些不受症狀所苦者，謂之健康；而一旦暴露於可能產生症狀的風險當中，即便那些症狀僅是人體老化的自然過程，都有醫療介入的空間存在。因此，成令方教授建議我們：「轉換新的角度看待更年期以後的歲月，點出社會賦予的不同價值，其實也潛在影響了婦女在更年期間與其後的人生階段」。

● 性別有別？！性別差異醫學的研究視角

一直以來，「性別差異」都是醫學研究中相當重要的議題。近年的研究更指出，不論在流行病學、藥物動力學甚至是癌症醫學方面，性別間存在的鴻溝，遠比過去的想像來得更加複雜而有趣。

以過去深深困擾男性族群的疾病「痛風」為例，2012 年外國學者 Hershfield 的研究發現，兩性之間罹患痛風的比例差異，源自於不同性別血液中的尿酸濃度差異。女性在年輕時，血液中的尿酸濃度較低，然而，一旦過了更年期，血液尿酸的含量會逐漸增加到與年長的男性相近。因此，在更年期過後，兩性罹患痛風的比例差距會逐漸縮小。此外，一旦將男性的飲酒量較高，以及使用利尿劑、洗腎等因素也納入統計，會發現男女之間罹患痛風的比例非常相近。這些發現在在證明：我們過去對醫學性別差異的認識，存在著極大的改善空間。

就連 21 世紀最大的醫學議題「癌症」，也和性別脫不了關係。Hershfield（2012）[1] 的論文便指出：「最常見的癌症是幾乎只出現於一個性別的癌症，如攝護腺癌、乳癌、子宮癌與卵巢癌。這些與性別有關的癌症占了所有癌症比例的 37-38%。雖然這類與性別有關的癌症只有不到 10 種（目前發現約 150 種癌症），但是它們對人類的影響卻非常大。」而在部分兩性都有機會罹患的癌症中（如肝癌）也能發現，男性的罹病率遠較女性來得高。其中的差異，是否如痛風般，是受「性別化的生活差異」影響？或是單純因生理性別所產生的罹病機轉而有所不同？這些都是性別差異醫學中，值得深入探究的議題。

● 醫師也沒學過「性少數醫學」

最後，在現今的臨床醫療場域，性少數（包含同志、跨性別、變性者等）仍然面對諸多潛在的歧視眼光，同時也難以得到針對性少數的個人化醫療服務。早先的文獻指出：「能夠替變性者服務的醫療專業人員不足、在各級醫療的教育課程也缺乏針對性少數醫療服務的訓練，而

[1.] Hershfield, M. S. (2012). Gout. In K. Schenck-Gustafsson, P. R. DeCola, D. W. Pfaff & D. S. Pisetsky (Eds.), *Handbook of clinical gender Medicine* (pp. 380-385). Basel: Karger.

目前在當地的醫護相關系所學生也僅有少數具備相關知識足以提供借鏡。」因此，許多性少數在接受醫療的同時，經常對於與醫療工作者之間的互動感到憂鬱，又或者常處於警覺狀態。而同志病人的伴侶在醫療照護上，也未必能受到與異性戀病家同樣的方式對待。因此，現行針對性少數的醫療服務，仍存在著極大的教育和研究空間。

● 透過「性別 ‧ 醫療」平台，建構更性別友善的醫療環境！

正是由於帶有性別觀點的醫療議題，在現今的社會中仍未受到應有的重視，成令方教授致力打造的「性別 ‧ 醫療」網路平台便顯得更重要。此平台可以提供醫學教育工作者、臨床醫療工作者以及醫學院學生從性別觀點出發，認識相關醫學議題的機會。同時，它亦積極整合國內外各式探討性別議題的網路資源與研究成果。

「性別 ‧ 醫療」平台的願景，便是期望提供臨床經驗分享、課堂授課教材，讓帶有性別觀點的醫療，在臺灣能得到更多人的重視，使不同領域的醫療工作者與教育工作者，透過學習並彙整融入具有性別觀點的醫學議題，讓我們更完整地看見醫學的多元面向。

網路平台是當代傳播、普及新知有效的工具。成令方教授也希望邀請各個不同職級的醫療人員瀏覽「性別 ‧ 醫療」平台，並將性別議題融入醫學教育與臨床工作。如此，關於醫學的新知將能夠更加聚焦，也能讓各個性別與專業的工作者，透過平台的交流與知識的流通，建構出一個更多元、平等的醫療世界。

哇！原來這是性別與科技！？

6 科技與性別教育

性別刻板印象會讓「王者」變「青銅」？
─談性別刻板印象的威脅與促進效果

孫旻暐 · 亞洲大學醫學暨健康學院心理學系副教授

關於此文

　　這篇文章介紹了由亞洲大學醫學暨健康學院心理學系孫旻暐副教授所主持的科技部 98 年度性別與科技研究計畫「她可以做的更好─性別刻板印象對女性數學表現的影響」之研究成果。

　　線上遊戲《王者榮耀》中，功夫段位最低者是「青銅」，最高者是「王者」。而生活中，人們難免會有將能力好的「王者」誤認為能力不佳的「青銅」的時候。但那些看似能力表現不佳的人，是否真的就是本來的能力較差？會不會其實有什麼因素導致他們無法表現出原本的實力呢？

● 數學表現的性別差異

　　愛因斯坦曾說：「數學是科學之母」。過往研究分析歷年美國 SAT（Scholastic Aptitude Test） 與 GRE（Graduate Record Examination）之測驗成績後發現（Gallagher, Bridgeman, & Cahalan, 2000）[1]，女性考生的數學分數明顯比男性還低。而這樣的性別差異（gender difference）也常見於國內教育場域與國家考試中。因此，人們大多先入為主的認為「科學、物理及化學等科目較適合男性就讀」。

[1.] Gallagher, A., Bridgeman, B., & Cahalan, C. (2000). *The effect of computer-based tests on racial/ethnic, gender, and language groups*. NJ: Educational Testing Service.

刻板印象的威脅效果與促進效果

針對造成上述性別差異的原因，美國社會心理學家 Claude M. Steele 首先提出「刻板印象威脅效果」（Stereotype Threat Effects, STEs）（Steele, 1997; Steele & Aronson, 1995）[2,3]，並加以驗證。他指出，人們會針對特定的團體成員抱持著典型且一致的社會刻板印象（social stereotypes），而該特定團體成員也將受到此想法或信念的影響，改變其行為表現。

例如女性考生會因為受到負向性別刻板印象（negative gender stereotype，即女生被認為在數學表現較差的信念）的影響，導致她在數學上的表現，較無性別刻板印象時來得差。反之，正向團體成員（valued group member，如男性或亞洲人的數學表現）會因為正向刻板印象而表現較佳。不過，另有學者指出，刻板印象威脅效果只能用來解釋負向團體表現受損的現象（Wheeler & Petty, 2001）[4]。

除上述的威脅效果會導致表現變差外，正向刻板印象似乎反而能增進個體行為的表現。正如研究發現（Shih, Pittinsky, & Ambady, 1999）[5]，當「亞洲人的數學表現較白種人好」的種族刻板印象被突顯時，美裔（女性）亞洲人在數學測驗中能獲得較控制組高的分數，故稱此為「刻板印象促進效果」（Stereotype Boost Effects, SBEs）（Cheryan &

2. Steele, C. M. (1997). A threat in the air: How stereotypes shape intellectual identity and performance. *American Psychologist, 52*, 613-629.
3. Steele, C. M., & Aronson, J. (1995). Contending with a stereotype: African-American intellectual test performance and stereotype threat. *Journal of Personality and Social Psychology, 69*, 797-811.
4. Wheeler, S. C., & Petty, R. E. (2001). The effects of stereotype activation on behavior: A review of possible mechanisms. *Psychological Bulletin, 127*(6), 797-826.
5. Shih, M., Pittinsky, T. L., & Ambady, N. (1999). Stereotype susceptibility: Identity salience and shifts in quantitative performance. *Psychological Science, 10*, 80-83.

Bodenhausen, 2000）[6]。

近年有些研究已證實正向刻板印象有促進效果（Bosson, Haymovitz, & Pinel, 2004; Pittinsky, Shih, & Ambady, 1999; Shih, Pittinsky, & Ambady, 1999; Stone, Lynch, Sjomeling, & Darley, 1999）[7,8,9]，但有些則沒有（Shih et al., 1999）。經檢視並分析過去相關研究，本研究整理出六種突顯刻板印象激發方式（Suen, 2006）[10]，並將之分成隱含式激發（implicit activation）與突顯式激發（implicit activation），藉此探討促進效果的不同影響機制。

● 混合性別的團體施測情境會引發威脅效果

透過直接表明男性數學表現較女性佳的（顯式的測驗情境）操弄下，本研究發現，女大學生在團體情境下的數學表現都較個別情境來得差。尤其是身處在混合性別的團體情境（男女生混合）中，其所獲得的數學分數較處在相同性別團體情境（僅有女性）時還差（如圖1）。

6. Cheryan, S., & Bodenhausen, G. V. (2000). When positive stereotypes threaten intellectual performance. *Psychology Science, 11*(5), 399-402.

7. Bosson, J. K., Haymovitz, E. L., & Pinel, E. C. (2004). When saying and doing diverge: The effects of stereotype threat on self-reported versus non-verbal anxiety. *Journal of Experimental Social Psychology, 40*, 247-255.

8. Pittinsky, T. L., Shih, M., & Ambady, N. (1999). Identity adaptiveness: Affect across multiple identities. *Journal of Social Issues, 55*, 503-518.

9. Stone, J., Lynch, C. I., Sjomeling, M., & Darley, J. M. (1999). Stereotype threat effects on black and white athletic performance. *Journal of Personality and Social Psychology, 77*, 1213-1227.

10. Suen, M. W. (2006). *Stereotype-moderated mathematical performance in multiple category contexts* [Unpublished doctoral thesis]. University of Birmingham.

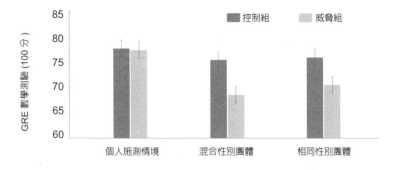

圖 1 不同測驗情境下的表現 (資料來源 : 本研究計畫)

　　然而，由此實驗結果可得知，我們在進行數學科目的成就評量時，應特別注意在混合性別情境時對女性學生可能造成的性別威脅效果。由於國內目前的學校教育多為男女合班，建議學校當局嘗試採用個別測驗情境，或許可以更精確地測量女性學生應有的成就表現。

● 隱含式的優勢操弄會產生促進效果

　　對國內大學女生而言，性別刻印象應該會產生數學表現的威脅效果，但種族刻板印象則會對亞洲人產生促進效果。故本研究在性別刻板印象激發組與種族刻板印象激發組間，分別詢問有關性別與種族相關的一系列隱含性問題，例如是否認同自己的性別／種族、班上與自身同性別／種族的人是否佔大多數等，以便間接激發其負向性別刻板印象與正向種族刻板印象。

　　結果發現，女大學生在性別組的數學得分低於控制組，即證實了性別威脅效果的存在。而女大學生在種族組的數學得分則高於控制組，亦即證明，在隱含式突顯情境下，種族刻板印象的促進效果有助於數學的表現（如圖 2）。

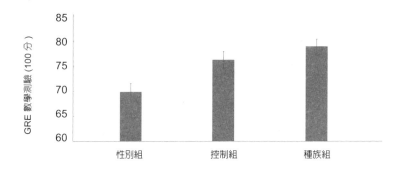

圖 2 刻板印象激發情境（資料來源：本研究計畫）

上述結果說明，威脅效果可輕易地在任何操弄方式下發揮作用，但促進效果卻僅能在隱含式的操弄方式下表現出來。所以未來我們若要利用促進效果增加女性行為表現時，請千萬記得要含蓄地突顯她們的正向刻板印象。如果直接說明她們的優勢，則無法得到促進效果的助益。

● 模糊團體間界線可有效減除威脅效果

在減少刻板印象的方法之中，「模糊團體間界線」是其中一種用來減少刻板印象強度的方式。它讓當事人相信不同性別間並沒有表現能力上的差異。

因此，我們設了模糊團體間界線的相似組與相異組。相似組即是請她們試舉數項男女生在一般生活中都擁有的相似行為、特質或能力（例如上大學、聽音樂等）；相異組則是列出數項男女生在一般生活中的相異行為、特質或能力，並指出它們之間的優劣（例如男生的力量較大、女性要細心等）。

在相異組中，女大學生的數學表現的確較控制組來得差，證明性別刻板印象的威脅效果；而相似組中的女大學生則較相異組表現出較佳的

數學成績。即使並未能較控制組的表現好，但這也證明威脅效果能成功地被減除（如圖3）。顯然，若能模糊當事者所屬的團體界線時，應可以有效減少刻板印象威脅效果，但亦可能因為模糊當事者團體界線實屬突顯式操弄，故無法產生促進效果。

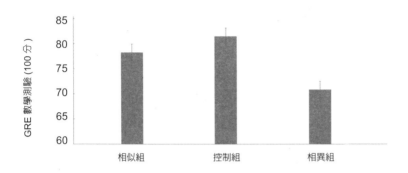

圖3 不同刻板印象激發情境 (資料來源：本研究計畫)

根據上述研究發現，當女性學生的刻板印象被激發或被強調，會減弱其數學能力的表現；而當我們使用模糊團體間邊界的策略時，女性學生的數學能力表現相對地比受到威脅的組別高，即威脅效果減除。

有趣的是，本研究也發現，相似組的數學表現並未如我們預期的高於控制組。這樣的現象可能是受到臺灣根深蒂固的父權社會影響，使得臺灣的女學生受到的性別刻板印象比其它國家的女性還難改變。短暫的模糊團體間邊界操弄並無法立即改變其想法，也就無法使受試者在數學表現上有更好的表現。

故我們建議未來的研究可往這方面著手，試著以縱貫面的角度去影響受試者的刻板印象，並考慮不同國家的文化影響，以發現更多減除刻板印象威脅的方法。

● 別讓性別刻板印象掩蓋了「王者」光芒！

　　經由上述的研究結果可知，性別刻板印象威脅效果的確會影響臺灣女大學生的數學表現。其中混合性別的團體考試情境，即會引發出性別刻板印象的威脅效果。此外，負向性別刻板印象的確會對女大學生的數學表現產生威脅效果，導致數學成績降低，但對於正向刻板印象的促進效果，卻只在隱含式激發時才會對數學表現有所提升。

　　因此，當人們認為女生的數學表現看起像是「青銅」似的表現不佳時，別忘了這可能是因為性別刻板印象的威脅效果所致。只要我們能善用減除威脅效果的方法，亦有可能讓她們人人成為表現較佳的「王者」喔。

男生科學能力真的優於女生嗎？
— 談科學成績的性別差異

王呈隆 · 國立中央大學學習與教學研究所碩士

┃關於此文

　　這篇文章介紹了由時任國立中央大學學習與教學研究所劉佩艷副教授所主持的科技部 104 年度性別與科技研究計畫「以 TIMSS 2011 臺灣學生科學成就資料檢視試題類型、內容領域與認知階層中的性別差異」之研究成果。本文由計畫參與人員王呈隆研究助理撰稿。

● 「男理工，女人文」是適性發展，還是測驗方式造成的缺失？

　　「男理工，女人文」既是刻板印象，也是既存事實。不論是科學、科技、工程與數學（STEM）工作領域的男女人數比，抑或是高中自然組與文組的男女人數差異，皆可讓人明顯感受到男女在職涯志向選擇上確實有所不同。然而，對於科學教育工作者而言，我們該思考的是：這個現象究竟是「適性」的展現，還是「不公平」的評量測驗制度使然的人為結果？

● 是「誰」告訴你，你不適合走科學這條路？

　　在科學教育的既有研究中，有學者指出，「科學自我概念（science academic self-concept）」對於個人在選擇科學相關職涯時，是個重要的決定因素（Jansen, Scherer, & Schroeder, 2015）[1]。而更重要的是，

---

[1] Jansen, M., Scherer, R., & Schroeder, U. (2015). Students' self-concept and

一個人的科學自我概念很容易受到「科學成績」的影響（Guay, Marsh, & Boivin, 2003）[2]，特別是跟同儕相比時（Jansen et al., 2015）。尤其在以升學為導向的臺灣教育環境，學生有大大小小的考試；每次的考試成績都影響著個人科學自我概念的形塑，並告訴個人究竟適不適合走科學這條路。也就是說，是成績左右了學生的職涯抉擇；而影響這一切的，即是由人所設定的「評量制度」。

● 不同試題類型，男女表現大不同！

在教育測驗裡，題型設計如何左右學生的學業成績表現是個重要的議題。但人們是否曾懷疑過考試試卷內容？為什麼選擇題總是佔大多數？選擇題佔多數會對考生帶來甚麼影響呢？過去即有研究指出，男、女在科學測驗中，不同的試題類型會影響男生和女生的科學成績表現。而筆者所參與的由時任國立中央大學學習與教學研究所劉佩艷副教授所主持的「以 TIMSS 2011 臺灣學生科學成就資料檢視試題類型、內容領域與認知階層中的性別差異」研究計畫（以下簡稱本計畫）團隊，即透過分析國際大型教育評比調查 TIMSS 2011 年的次級資料發現，在我國的中、小學裡，男生在回答選擇題（multiple choice items）的科學成績表現比女生來得好（如圖 1 藍線所示）；而女生則是在建構反應題[3]（constructed response items）的表現優於男生（如圖 1 橘線所示）。這結果與過去的研究（DeMars, 1998）[4]發現相似。

self-efficacy in the sciences: Differential relations to antecedents and educational outcomes. *Contemporary Educational Psychology, 41*, 13-24.

[2] Guay, F., Marsh, H. W., & Boivin, M. (2003). Academic self-concept and academic achievement: Developmental perspectives on their causal ordering. *Journal of Educational Psychology, 95*(1), 124.

[3] 所謂的建構反應題包含像是閉鎖式簡答題與開放式問答題。前者是已有既定答案的，學生須進行簡答或以較長語句來解釋和論述；而後者則是學生必須寫一段話來支撐自己的論點，並無標準答案。

[4] DeMars, C. E. (1998). Gender differences in mathematics and science on a high school proficiency exam: The role of response format. *Applied Measurement in Education, 11*(3), 279-299.

　　此外，我們的研究報告更指出，此現象在我國國小四年級即存在，到了八年級更加明顯。如圖 2 所示，不管是藍線（男生和女生在選擇題成績上的差異），或是橘線（男生和女生在建構式反應試題成績上的差異），都比圖 1 的差異來得大。

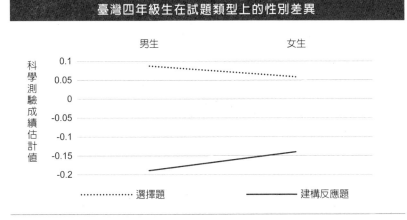

圖 1 臺灣四年級生在試題類型上的性別差異（資料來源：本研究計畫）

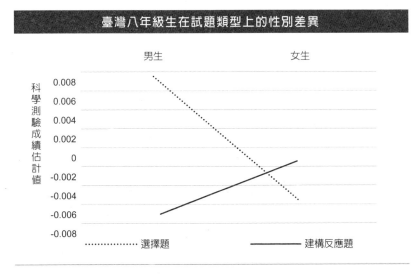

圖 2 臺灣八年級生在試題類型上的性別差異（資料來源：本研究計畫）

為何我們的研究團隊要探討男女在不同「試題類型」的科學表現差異？這是因為在過往的評量模式中，選擇題的題數或成績佔比往往大於建構反應題型。這也意味著男生在這樣的評量模式下，比起女生更易於拿到好的科學總成績。先姑且不論選擇題與建構反應題型各自在測量科學能力上的作用，光是成績對於個人的科學自我概念影響，便很有可能左右了一個人的科學志向。

● 性別差異也發生在衡量不同「認知能力」的題型

除了題型外，不同題目背後所評量的認知能力也不同。科學能力的衡量不像一個人的身高與體重，有一個既明確又客觀的測量方式；相反的，它牽涉到複雜的認知能力。而在教育場域以認知為教育目標的理論中，最經典的即是 Bloom、 Engelhart、Furst、 Hill 與 Krathwohl（1956）[5] 提出的六層次認知領域，包含知識（Knowledge）、理解（Comprehension）、應用（Application）、分析（Analysis）、綜合（Synthesis）與評鑑（Evaluation）。這六層次由簡單到複雜，也由具體到抽象。而能夠擁有更高層次認知能力的學生，常被認為比只會單純表面死記硬背的學生，更具備解決複雜問題的能力。

TIMSS 的題型設計在認知能力方面，則將題型區分為知識型（Knowing）、應用型（Applying）與推理型（Reasoning）。而我們的研究團隊發現，在我國的中小學生裡，男生在知識型題目的科學表現優於女生（可見圖 3 與圖 4 中的藍線：男生和女生在知識型成績上的差異）；而女生在推理型題目的科學表現優於男生（可見圖 3 與圖 4 中的灰線：男生和女生在推理型成績上的差異）；應用型題目則無統計上的

---

[5] Bloom, B. S., Englehart, M. B., Furst, E. J., Hill, W. H., & Krathwohl, D. R. (1956). *Taxonomy of educational objectives: The classification of educational goals (Handbook I: Cognitive domain)*. New York: Longmans Green.

顯著差異（可見圖 3 與圖 4 中的橘線）。這或許說明女生在 STEM 領域其實具有競爭力；但礙於現行的科學評量制度與題型佔比未能均衡地反映這三種不同認知能力，因此無法有效彰顯女生在學習科學上的優勢。

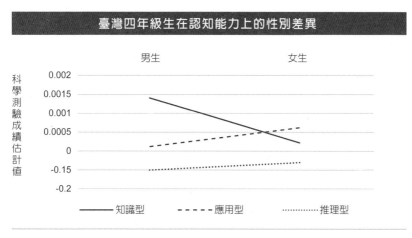

圖 3　臺灣四年級生在認知能力上的性別差異（資料來源：本研究計畫）

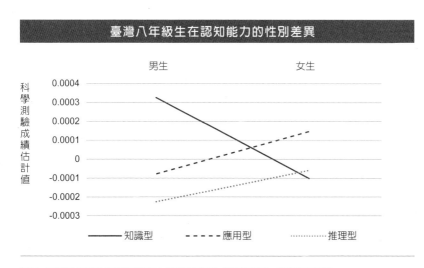

圖 4　臺灣八年級生在認知能力上的性別差異（資料來源：本研究計畫）

● 從科學評量反思 STEM 教育的公平性

我們的研究團隊試圖從評量的角度談科學成績的性別差異，引領讀者了解考試背後的評量脈絡。尤其當我們過度把考試成績化作標籤、輕易地貼在孩子或自己身上時，請停下來想想，這份考試的成績是由誰決定的？考試的形式又是什麼？

本研究團隊發現，在不同「試題類型」與「認知能力」題型的作答情況中，確實存在性別差異。而我們想告訴讀者的是，平常大大小小的科學考試成績未必皆能有效反映受試者的科學能力。任何評量都有其侷限，尤其在以升學為導向的體制下，考卷試題本身也未必充分反映未來在 STEM 領域中所需的科學能力。我們期許學生未來在決定職涯方向時能明白：能做出最終決定的不是成績，而是自己。我們也期許教育工作者能朝向建立更健全且多元的評量制度邁進，讓孩子能從更客觀的評量中發現自己。

科技領域的性別課
─談如何改變科技領域的性別失衡

謝淑敏 · 國立暨南國際大學課程教學與科技研究所副教授

| 關於此文

　　這篇文章介紹了由國立暨南國際大學課程教學與科技研究所謝淑敏副教授所主持的科技部 102 年度性別與科技研究計畫「角色楷模學習輔導方案應用於科技領域女性大學生之成效研究」之研究成果。本文內容部分研究曾發表於謝淑敏（2014）。角色楷模學習輔導方案應用於科技領域大學生之成效研究。教育研究與發展期刊，10(4)，47-78

　　面對全球化競爭，促進女性參與科技業有助驅動各國經濟成長與國家競爭力。然而，「管漏現象」在科學學習過程中卻很常發生，即女性流失比例遠大於男性。這也顯示，在 STEM（Science，科學；Technology，科技；Engineering，工程；Mathematics，數學）領域中，專業人力的性別差距是我們需要克服的挑戰之一。

● 為何女性流失的比例多於男性？

　　要鼓勵女性將科研專業當做生涯發展的目標，我們須協助更多女學生盡可能於中學階段就克服科學學習的性別刻版印象威脅；因為到了大學階段，社會文化中的性別期望差異及女性學習科學的低自我效能感，更容易導致女學生離開科技領域。蔡麗玲（2010）[1] 即指出，有些女性

---

[1]. 蔡麗玲（2010）。理工能力優異女性學習適應與生涯挑戰─性別與認同研究取向（II）。行政院國家科學委員會專題研究計畫期末成果報告（NSC96-2628-S-017-001-MY2），未出版。

受到社會刻板印象影響而自我設限，例如女性數理資優生因未來想兼顧婚姻與家庭而離開資優領域，轉向非專業工作。也就是說，期待女性負擔較多家庭照顧責任的傳統性別角色觀念，窄化了女性的生涯選擇。

也有學者發現，在大學科學課程中，女性作為少數族群的適應問題會影響自我效能感，使其投入的信心低落。如楊龍立（1996）2 即認為，科學教學、課程內容與難度、科學專家男性形象與文化現象等差異，是造成男女修讀科學課程人數、興趣以及態度出現差異的主因。

科學教育應重視女性科學楷模的提供

歸納上述 STEM 領域中女性容易流失的原因，我認為，提供科學學習的角色楷模有其必要。「楷模」是 Bandura（1977）3 社會認知論的重要概念，強調對楷模的觀察學習有助於建立自我效能感。Gibson（2004）4 提出不同類型的楷模對自我效能感的幫助。我認為其具有參考價值。三種楷模的差異詳如表 1。

表 1　三種楷模定義與特質的差異 （本研究製表）

三種楷模	行為楷模	角色楷模	良師輔導
定義	觀察學習、目標可及、想要學習	認同與社會比較、知覺與提高相似性	互動與投入、指導生涯進步
屬性	工作技能、示範行為表現	角色期望、增進自我概念	生涯輔導功能、心理支持與社會化功能
互動時間	短期	因人而異	長期

2. 楊龍立（1996）。男女學生科學興趣差異的評析。臺北市：文景。
3. Bandura, A. (1977). Self-efficacy: Toward a unifying theory of behavioral change. *Psychological Review, 84*, 191-215.
4. Gibson, D. E. (2004). Role models in career development: New directions for theory and research. *Journal of Vocational Behavior, 65*, 134-156.

Milgram（2011）[5] 認為，要提高女性投入科學職涯的意願，須提供女性楷模的成功典範，像是能完成工作並保有生活。我希望利用角色楷模傳遞女性平衡工作與生活、實現生涯選擇、獲得喜悅、滿足興趣並兼顧家庭的故事，來降低女性在大學及科學專業的流失問題。其中包括在科學興趣萌芽階段提供支持性楷模；在生涯目標立定階段提供激勵性楷模；以及在科學專業投入階段提供師徒傳授之良師楷模。

● 一個提供女性科學楷模的性別教育課程

我嘗試在性別教育課程中探討科學學習的性別議題，並運用了激勵性楷模、支持性楷模、良師輔導來幫助大學生進行角色楷模學習，詳如表2。

表 2 科技領域角色楷模學習輔導方案之學習主題與角色楷模教學運用 (本研究製表)

方案架構	性別與科技文化	性別與科學興趣探索	生涯楷模與職涯目標
運用之楷模類型	激勵性楷模	支持性楷模	良師輔導
提供學習之楷模人物	首位獲得諾貝爾獎的女科學家瑪里·居禮、異類遺傳學家麥克林托克、Facebook 營運長雪莉桑德柏格等	協助其探索科學興趣、能力、價值並形塑目標的重要他人，如父母、師長、同儕	學習達人、職場達人、科技領域良師等
教學方法與素材	多媒體、書籍、繪本及投影片簡報等	分組討論、自主學習、撰寫科學學習歷程中受重要他人影響之學習單	進行科技領域學習楷模的生涯訪談，並以簡報分享與討論

5. Milgram, D. (2011). How to recruit women and girls to the science, technology, engineering, and math (STEM) classroom. *Technology and Engineering Teacher, 71*(3), 4-11.

● 科技學習領域應更重視女性角色楷模的運用！

在經過一學期的課程後，我從參與學生的心得訪談中發現，透過三種楷模能幫助學生學習如何訂定學習策略與提升自我效能感。內容如下：

1. 學習策略的進步

(1) 讀書策略的收穫：學生們學會了訂定讀書計畫、作筆記、批判思考、自我監督、有效抒壓等方法。例如學生小宣表示：「從中獲取許多良益的學習方法。平常要監督自己看書，每天養成讀書習慣，學完一個科目須再研究是否能充分掌握重點。不了解處利用空閒與同學討論或與教授約時間鑽研，可增強對不了解的事物努力找尋答案的學習精神。」

(2) 學習行為的改變：學生經由同儕學習，在訂目標、時間管理、重點整理與自主學習等行為有所改變。例如學生小和表示：「透過訪問，知道達人能在休閒與課業做平衡的經驗後，更了解如何培養自主學習能力與掌握休息時間。同時也意識到讀書環境會深刻影響讀書意願。自制力夠好，環境很難影響你；若自制力不夠好，選一個好的讀書環境就是重要課題。」

2. 自我效能感的提升

(1) 對科技文化的覺察與反思：學生在課堂活動中覺察到科技領域對女性的刻板印象與職場的「親善型性別歧視」，但也同時觀察到女性逐漸在科技業嶄露頭角、擺脫刻板印象束縛並能依興趣選擇職業之情況。

例如來自土木系的小瑜表示：「雖說我們以後的職業必須時常在太陽底下工作，但同樣地，做業務、考察也時常要在太陽底下。每個行業都是平等的，沒有一個行業是比較輕鬆的。再說，科技

業也有許多女性是公司經理；也有很多男性成為文學獎得主。依個人興趣選擇職業是很重要的，只要有興趣自然會認真做到最好，得到肯定，與性別無關。」

(2) 對科技職涯的困境與因應：學生從課堂活動中了解女性生涯發展的挑戰，但也從職場楷模身上學習立定生涯願景和問題解決能力，建立面對職場性別歧視與成功因應的信心。

例如學生小琦在訪談心得中表示：「很開心從受訪者身上學習到獨立思辨能力，對未來職場發展有願景及思考。面對職場的各種困境，受訪者總是能善用方法化解，並沒有帶著兩性的觀點去看待工作職場歧視問題，不斷堅持憑自己的努力，讓自己越來越好，給予我們正面能量和中肯建議。」

在此，透過介紹本計畫的研究成果拋磚引玉，希望也能提供其他有志追求科技職涯的女學生作為參考！

理工科系女性大學生的學習經驗

王采薇 · 國立東華大學教育與潛能開發學系副教授

▌關於此文

這篇文章介紹了由國立東華大學教育與潛能開發學系王采薇副教授所主持的科技部 103 年度性別與科技研究計畫「理工科系女性大學生學習經驗之質性研究」的一部分研究成果。

● 學科領域中的性別區隔

2004 年 6 月「性別平等教育法」公佈實施。法規中第 2 條將性別平等教育定義為「以教育方式教導尊重多元性別差異，消除性別歧視，促進性別地位之實質平等」（教育部，2018）[1]。根據教育部（2020a）[2]「大學校院女性學生比率」，歷年大專校院男性主修科技類的比率都高於 60%；相對地，女性主修人文類的比率也高於 60%。舉例而言，103 學年度男性主修科技類比例占 66.29%；女性主修人文類占 66.83%（教育部，2020b）[3]。此數據呈現出男性與女性在學習科系領域的性別區隔現象（如圖 1）。因此，我們好奇，在科學（Science）、科技（Technology）、機械（Engineering）與數學（Mathematics）領域（簡稱 STEM 領域）的大專校院女性大學生之學習經驗為何？

[1.] 性別平等教育法（2018 年修正）。
[2.] 教育部統計處（2020a）。大學以上女性學生比率。取自 http://stats.moe.gov.tw/files/gender/106-1.xls
[3.] 教育部統計處（2020b）。歷年大專校院學生人數—按性別與學科 3 分類分（百分比）。取自 http://stats.moe.gov.tw/files/gender/106-6.xls

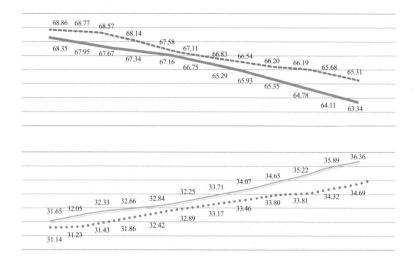

學年度	97	98	99	100	101	102	103	104	105	106	107	108
——— 科技類男	68.35	67.95	67.67	67.34	67.16	66.75	66.29	65.93	65.35	64.78	64.11	63.64
——— 科技類女	31.65	32.05	32.33	32.66	32.84	33.25	33.71	34.07	34.65	35.22	35.89	36.36
•••• 人文類男	31.14	31.23	31.23	31.86	32.42	32.89	33.17	33.46	33.80	33.81	34.32	34.69
---- 人文類女	68.86	68.77	68.57	68.14	67.58	67.11	66.83	66.54	66.20	66.19	65.68	65.31

圖 1 大專校院三分類學科科技類與人文類性別百分比（97 至 108 學年度）。
　　資料來源：教育部（2020b）。

● STEM 領域中的女性學習經驗

　　我們經由滾雪球方式，邀請就讀科學、資訊、機械、工程、建築等相關科系之 21 位女性大學生敘說她們對於數學或自然學科的學習經驗。她們來自 3 所不同大學且不同年級。整理後的資料呈現以下幾項特點：

1. 具有數學、物理或化學能力的優勢（或熟練）經驗（mastery experiences）和自信。她們多數皆從國小開始即對自然學科感興趣，到了大學，自然而然進入理工科系。一位機械相關科系三年

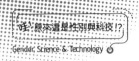
級女大學生表示，「從小就覺得自己要成為科學家，很崇拜愛因斯坦」，也提及國中時「被選上學校的數學、理化資優班……，一直都對數理方面還蠻喜歡的」。

2. 對於女性科學家的認識非常有限或缺少角色模範學習經驗（vicarious experiences）。即使多數研究參與者皆提到「瑪里·居禮」，但是她們的學習內容很少涉及女性科學家，學習過程也很少遇到女性教師。一位資訊相關科系二年級的女大學生指出，她進入理工科系後沒有讀過「女性科學家的介紹或傳記」。

3. 選擇理工科系受到重要他人的鼓勵（verbal persuasion）支持。父母親或師長都非常支持她們選擇理工科系，並提供不同的學習資源。一位建築相關科系四年級女大學生從小常和家人參觀科博館，國中就讀資優班參加「化學類」科展，老師也會安排參觀科博館。她說：「家裡有百科全書……有不懂的東西會去翻翻看」。而她的父親也會教導兄弟姊妹數學。

4. 學習態度積極認真，且毅力堅強，處於樂觀積極正向之狀態（physiological and emotional states）；既然喜歡且選擇理工學科，就積極認真地學習。一位資訊相關科系三年級女大學生對專題研究「非常有興趣」，即使「困難還蠻多的」，還是「真心的去研究它」，就算「在各種 try 的過程中……發現實驗設計產生矛盾……重新設計」，但因「歷經千辛萬苦終於把這些東西做出來」，從而建立了「成就感」。

5. 對於未來的規劃，她們多數都選擇在理工領域繼續深造或就業。一位資訊相關領域女學生才大一，便已期望前往國外深造。一位工程相關領域三年級女大學生說：「就去當工程師吧……就考個研究所」，並計畫未來到科學園區工作。

這 21 位理工科系女性大學生出生於 1990 年代中期前後。在她們出生且成長的年代，性別平等正成為全球潮流且臺灣社會亦相當重視。她們可以自主選擇，同時也有自信能駕馭理工專業領域，突破傳統「男理工女文史」之性別刻板印象，在數學和自然學科的學習過程具備表現很好的優勢（熟練）、受到重要他人之鼓勵以及展現自我樂觀及正向之狀態等自我效能信念（self-efficacy beliefs）（Bandura, 1977; 1986; 1997a; 1997b）[4.5.6.7]。

● STEM 領域的學習有性別差異嗎？

然而，在學習過程中，性別化經驗或性別刻板印象依舊存在。一位工程相關科系三年級女大學生曾經在分組時面臨只有她一位女生的情況；做實驗時較常是男生「動手做」。不過，班上男生女生的成績「沒有明顯的分別」。此外，她們多數認為選擇並就讀理工科系沒有性別差異。一位資訊相關科系三年級女大學生認為男生和女生學習自然學科「理解力是差不多的」。一位工程相關科系四年級女大學生認為，當代社會並不會限制女生學習，對於理工科系學習「不是男生或女生的差別」，而是「有沒有熱誠和有沒有想要學習的心」。

● STEM 領域女性典範的重要性！

唯一和自我效能信念不一樣的是，女性科學家在這 21 位理工科系

[4.] Bandura, A. (1977). Self-efficacy: Toward a unifying theory of behavioral change. *Psychological Review, 84*(2), 191-215.

[5.] Bandura, A. (1986). *Social foundations of thought and action: A social cognitive theory*. Englewood Cliffs, NJ: Prentice-Hall.

[6.] Bandura, A. (1997a). Exercise of personal and collective efficacy in changing societies. In A. Bandura (Ed.), *Self-efficacy in changing societies* (pp. 1-45). Cambridge: Cambridge University Press.

[7.] Bandura, A. (1997b). *Self-efficacy: The exercise of control*. New York: W. H. Freeman.

女性大學生的學習過程以及教科書的內容是缺席且被忽略的。而且，大學理工科系女性教師非常少，呈現「管漏現象」（leaky pipeline phenomenon）（蔡麗玲，2004；嚴祥鸞，2011；Cheng, 2010）[8.9.10]，使得這些年輕理工科系女性大學生缺乏角色模範經驗。但是理工科系女性教師確實可以成為女大學生的角色模範。正如一位機械相關科系二年級女大學生所說的，系上唯一的女性教師讓她產生很大的動力；她覺得「機械相關的女老師……在眾多男性中脫穎而出」，這位女老師「一定要有足夠的知識」，而且「必須具備很堅強的能力」。

　　長期以來國內對於女性科學家的介紹通常只是來自媒體零星的報導。我們很高興近幾年國內亦出版（包括翻譯）多本關於女性科學家的書籍，譬如《她們，好厲害》[11]、《女科技人的理性與感性》[12]、《傑出女性學者》[13]以及《勇往直前》[14]等書。吳健雄學術基金會網站亦會介紹歷屆「臺灣傑出女科學家獎」得獎女性科學家。此外，科技部支持之「促進科技領域之性別友善與知識創新規劃推動計畫」網站（http://www.taiwan-gist.net/），以及國立臺灣大學科學教育發展中心網站，都有女性科學家之介紹。有這麼多的角色模範在我們眼前，女孩們，擁抱科學吧！因為妳有能力、樂觀、積極且努力。

8. 蔡麗玲（2004）。性別中立？談科學裡的性別。婦研縱橫，**70**，23-27。
9. 嚴祥鸞（2011）。性別主流化：台灣女性數學家。全球政治評論，**34**，97-126。
10. Cheng, L. F. (2010). Why aren't women sticking with science in Taiwan? *The Kaohsiung Journal of Medical Sciences, 26*(6, Suppl.), S28-S34.
11. 詳見楊泰興、陳建豪、司晏芳（2013）。她們，好厲害：台灣之光・**18**位女科學家改變世界。臺北市：遠見天下文化。
12. 詳見高惠春主編（2016）。女科技人的理性與感性：看見女科技人。臺北市：女書文化。
13. 詳見李遠哲、蕭新煌主編（2004）。傑出女性學者：給年輕學子的**52**封信。臺北市：天下文化。
14. 詳見 Ignotofsky, R.（2018）。勇往直前：**50**位傑出女科學家改變世界的故事（趙永芬譯）。小熊。（原著出版於 2016）

談醫大國文教學融入性別教育

蔡蕙如 · 高雄醫學大學語言與文化中心副教授

┃關於此文

　　這篇文章介紹了由高雄醫學大學語言與文化中心蔡蕙如副教授所主持的科技部 105 年度性別與科技研究計畫「性別意識融入醫學大學人文基礎通識課程之教學設計與規劃：以大一國文為例」之研究成果。本文摘錄並改寫自蔡蕙如 (2020)。性別意識融入醫學大學國文課程之建構與學習回饋分析。通識學刊：理論與實務，**38**(1)，39-73。

● 醫療人員性別涵養的重要性

　　醫療相關專業人員應具備性別敏感度，因為他們在職場中所面對的可能是相異性別及多元性別的身（病）體；診療過程中不僅要檢視其病況，還可能觸及病患私密處。他們對於患者的診治不應該只是疾病而已，更應該涉及性別的情感關照與尊嚴維護。因此，身為醫大國文教師的筆者相當關注學子們如何透過語言與文學來培養其性別意識，並期待他們能藉由不同性別生命經驗的學習來突破性別角色的限制及培養人文關懷。

● 檢視醫大國文教材：女性作者作品偏少

　　婦女新知基金會於 1988 年以女性主義觀點檢視我國中小學教科書，實乃此類性別教育研究之先聲。其後於 2002 年時，臺灣女性學學會與高雄醫學大學性別研究所亦共同主辦「檢視大專教科書性別意識研討會」。受此鼓舞，筆者亦追隨前輩們的腳步，試圖診斷任教學校所採用

的國文教材是否符合教育部「性別平等教育法」[1]第18條「教材之編寫、審查及選用，應符合性別平等教育原則；教材內容應平衡反映不同性別之歷史貢獻及生活經驗，並呈現多元之性別觀點」之內容。

筆者就各課程單元選文的性別訊息與作家性別來檢視其性別議題的內容量。檢視後發現，從各單元選文的作家男女性別比例來看，女性作家明顯少於男性（如表1）。根據表1，有5個單元（1、4、7、8、10）完全沒有女性作家的選文；其他5個單元的女性作家選文僅有6篇，占該教科書總篇數的12%。看來，該國文課程內容實有必要進行調整，才能使學子在不同性別的生命經驗獲得平衡的學習。

● 融入式教學法的課程建構與操作：無處不性別

筆者嘗試於國文課程裡「融入」性別教育，此「融入」操作即是教師將學生所需學習的內容或相關概念，不著痕跡地安排於學域或學科內現有的各單元或相關單元中，經由課程設計及教學達到預期的教學效果，但仍按原有課程的授課時間進行課程規劃（黃政傑，2005；教育部，2019）[2,3]。換言之，也就是將性別議題自然而然地帶入醫大國文教科書裡的每個單元，讓學子理解「無處不性別」，進而於學習情境中形塑其性別意識。

舉例來說，透過古典文本明朝馮夢龍〈杜十娘怒沈百寶箱〉、現代文學簡媜〈密語之四〉與王浩威〈臺灣男人的成長──從性探索到心理閹割〉，以及公視人生劇展「西蓮」，可以引導學子思考文化中身體意

[1.] 性別平等教育法（2018年修正）。

[2.] 黃政傑（2005）。課程改革新論：教育現場虛實探究。新北市：冠學文化。

[3.] 教育部（2019）。國民中小學暨普通型高級中等學校十二年國民基本教育課程綱要議題融入說明手冊。臺北：教育部。取自
https://www.naer.edu.tw/ezfiles/0/1000/img/67/110811734.pdf

表 1 單元選文之男女作家性別比例 (本研究製表)

序號	單元名稱	作家／篇名	作家男女比例（男：女）
1	自我探索	屈　原：〈涉江〉 司馬遷：〈伯夷列傳〉 商　禽：〈躍場〉 白　荻：〈流浪者〉	4：0
2	人間情愛	朱天文：〈小畢的故事〉 余秋雨：〈清理友情〉 愛情古典詩詞選（《詩經》4 首；詩詞 12 首）	16：2
3	在地關懷	心　岱：〈大地反撲〉 柯培元：〈熟番歌〉 杜十三：〈煤──寫給一九八四年七月煤山礦災死難的六十六名礦工〉	2：1
4	天地行旅	蘇　軾：〈記游定惠院〉、〈記游松風亭〉 余光中：〈德國之聲〉 舒國治：〈流浪的藝術〉	3：0
5	鼎俎滋味	呂不韋：〈呂氏春秋・本味〉 焦　桐：〈論牛肉麵〉 蔡珠兒：〈紅蘿蔔蛋糕〉 紀大偉：〈早餐〉	3：1
6	性別角色	馮夢龍：〈杜十娘怒沉百寶箱〉 簡　媜：〈密語之四〉 王浩威：〈臺灣男人的成長──從性探索到心理閹割〉	2：1
7	醫病書寫	陳　壽：〈三國志・華陀傳〉 王湘琦：〈沒卵頭家〉 黃信恩：〈時差〉 江自得：〈癌症病房〉	4：0
8	生死無憾	莊　子：〈至樂〉 陶淵明：〈形影神〉三首並序 余德慧：〈了然生命的根本態度〉	3：0
9	奇幻文學	李公佐：〈南柯太守傳〉 蒲松齡：〈畫皮〉 林宜澐：〈抓鬼大隊〉 黎紫書：〈錯體〉	3：1
10	運動書寫	杜　甫：〈觀公孫大娘弟子舞劍器行并序〉 謝雪漁：〈觀野球〉、〈觀跳舞〉 劉大任：〈簡單而嚴肅──山普拉斯的網球風格〉 詹偉雄：〈提拉米蘇第九局〉	4：0

象的性別身分和其成長環境、內在性格、價值排序、社會風氣、人際關係等因素如何影響個人行為與抉擇。同時,筆者亦帶領學生討論母親形象、母職與性別分工的議題。

● 透過教育潛移默化,提升學子性別敏感度

筆者整理並觀察修課學生之書寫作業、小組討論摘要、人物訪談紀實及試題選答內容後發現,在期初作業「我的成長故事」之書寫中,學生們將個人所見之文化性別期待形諸於文字,反映出其家庭教養已在潛移默化中對不同生理性別的子女進行性別角色、社會職務以及價值規範的塑造。此等塑造模式往往就是傳統性別刻板印象的複製。

而經筆者融入性別意識進行教學後,學生於期中之分組討論過程及期末考試選答內容中,多能在言談與字裡行間透露出性別平等、關懷性別弱勢等性別敏感覺知,並能針對性別角色與母職展開反思。此外,在人物訪談紀實裡,仍有學生無法正確應用性別意識,故筆者必須於課堂上適時導正,方能形塑學子們正確而健康的性別觀。

● 將性別意識融入教育,建立性別新秩序

國文課是高教學府的必修通識基礎課程之一,可謂是提供學生經由語文學習性別的必經之道與良機。未來,在兼顧語文教育及教學目標下,筆者仍會持續將性別意識融入教學內容,一方面不失焦於語文、文學內涵的教育;另一方面也能在引導學生閱讀與分析每個單元的書面作品與影像文本時,融入性別議題的論述和討論。尤其 2019 年我國同性婚姻合法化後,性別議題更應受到高度關注並於教學現場加以研討,以提升學生性別意識及敏感度,確切落實性別教育進入醫學之道的終極目標,繼而建立更性別友善的醫療環境。

性別平等教育無障礙

吳佩芳 · 國立高雄師範大學教育學院特殊教育學系副教授

關於此文

　　這篇文章介紹了由國立高雄師範大學教育學院特殊教育學系吳佩芳副教授所主持的科技部104年度性別與科技研究計畫「發展障礙青年與成人的性別教育課程－邁向婚姻與生育之路」之研究成果。

● 發展障礙者接受性別平等教育課程之需求

　　發展障礙者因其認知功能不足，導致他人常有刻板印象，認為他們的心智年齡低下，因此也不會有性與愛的需求，進而假設他們不需要。這樣的刻板認知可能導致教學現場的特教老師忽略了教導重度障礙學生關於性與愛的主題。老師和家長們可能自動假定學生們不需要與異性交往，更何況邁入婚姻或生育。

　　傳統觀點認為，針對障礙程度越重的學生，性別平等教育課程的內容應著重在基本的生理常識；輕度障礙的學生才需要進一步學習關於性的正向態度或道德觀等（何華國，1987；引自黃璉華，1993）[1]。然而，美國的智能與發展障礙協會（American Association of Intellectual and Developmental Disabilities, AAIDD, 2008）[2] 指出，所有的發展障礙者和一般人一樣，都有性愛的需求與權利，而這些需求與權利應該被正視

---

[1] 黃璉華（1993）。談智障者的性教育。護理雜誌，**40**，91-96。

[2] American Association of Intellectual and Developmental Disabilities (2008). *Sexuality: Joint position statement of AAIDD and the Arc*. Retrieved from http://

並且被尊重。若忽略發展障礙者性愛的需求，可能會導致他們在性別認同、友誼、自我覺察、情緒與社會行為的發展上有所不足。此外，針對重度障礙者所提供的性別平等教育課程明顯不足，導致學生常常用問題行為來發洩性愛的需求。

Gougeon（2009）[3] 指出，現今存在於特殊教育中的性別平等教育犯了一個很大的錯誤，就是採取「被動反應」（reactive）的模式而非「主動反應」（proactive）的模式。這指的是學校端往往到了學生的性成熟階段才開始進行性別平等教育，但這時候才教都太晚了，反而是採取主動反應的模式才可以達到預防的作用，不過缺點是學生可能在學習時會一知半解。這時候則需要教師在教室中以直接教學的方式教導學生，而不是以潛在課程的方式間接教導。

⬤ 發展障礙者的性別平等教育課程與十二年國教之關係

性別平等教育屬十二年國教核心議題之一 [4]。為了呼應十二年國教重視學生現在與未來身體力行的能力展現，發展障礙學生在性別平等教育的學習也要重視知識、能力與態度的培養；除了了解自己，還要進一步尊重多元性別，提升自我決策能力並學習經營未來人生。此外，重度障礙學生透過性別平等教育的學習，最好還能進一步提升解決問題的能力。故完整的性別平等教育課程應盡可能涵蓋十二年國教針對該議題所應涵蓋的所有學習主題。表 1 為作者所建議針對發展障礙者的性別平等教育課程所應涵蓋的課程主題與學習主題之對應一覽表。

---

aaidd.org/news-policy/policy/position-statements/sexuality#.VM7cc9McRjq

3. Gougeon, N. A. (2009). Sexuality education for students with intellectual disabilities, a critical pedagogical approach: Outing the ignored curriculum. *Sex Education, 9*, 277-291.

4. 詳參國家教育研究院（2019）。十二年國民基本教育課程綱要議題融入說明手冊。臺北市：國家教育研究院。

表 1 發展障礙者的性別平等教育課程主題、核心概念與性別平等教育學習主題之對應（本研究製表）

單元名稱	核心概念	對應之十二年國教性別平等教育學習主題
認識性衝動	• 能了解青春期的生理問題，如夢遺、自慰、性衝動等	• 身體自主權的尊重與維護
處理性衝動—公共與隱私場合的界線	• 能分辨應該要在隱私場合處理性衝動而非公共場合	• 身體自主權的尊重與維護
處理性衝動的方法	• 能了解男與女處理性衝動的方式	• 身體自主權的尊重與維護
認識異性與同性間的關係	• 能了解異性與同性之間不同的關係 • 能發展出性別認同並尊重性別差異	• 性別權力關係與互動 • 生理性別、性傾向、性別特質與性別認同多樣性的尊重
破除性別刻板印象的迷思	• 能認識不同來源的性別刻板印象並以尊重友善的態度破除刻板印象	• 性別角色的突破與性別歧視的消除 • 科技、資訊與媒體的性別識讀 • 語言、文字與符號的性別意涵分析
我想交異性朋友	• 能了解如何結交異性朋友並應對網路交友問題	• 性別權力關係與互動
如何維繫異性友誼	• 能了解如何與異性朋友保持友誼關係並區辨異性朋友的身體和言語界線	• 性別權力關係與互動 • 身體自主權的尊重與維護
向左走向右走—當友誼昇華為愛情	• 能辨識對異性朋友的好感是友情還是愛情 • 能了解如何進一步與異性交往	• 性別權力關係與互動
如何維繫情侶感情	• 能了解情侶交往間如何維持感情以及面對常見問題	• 性別權力關係與互動
拒絕性別暴力	• 認識性別暴力並學習如何求助	• 性騷擾、性侵害與性霸凌的防治

單元名稱	核心概念	對應之十二年國教性別平等教育學習主題
分手快樂	• 能了解什麼是分手，如何和平分手以及因應分手的負面情緒	• 性別權力關係與互動
認識情侶間性的吸引力與行為	• 能了解情侶間的親密行為與性自主權	• 性別權力關係與互動 • 身體自主權的尊重與維護 • 性別權力關係與互動
如何避孕與了解性病防治	• 能了解避孕與性病防治的方式	• 身體自主權的尊重與維護
邁向紅毯的決定—結婚	• 能了解從交往決定結婚的影響因素，及學習求婚與結婚方式	• 人際互動與親密關係發展
如何維繫婚姻	• 能了解維持婚姻關係的影響因素	• 家庭的組成、發展與變化 • 人際互動與親密關係發展
計畫生育	• 能了解計畫生育的重要性並運用相關資源	• 人際互動與親密關係發展
小天使的誕生—我懷孕了	• 能了解男女的生理構造以及懷孕生產的過程與注意事項	• 生理性別、性傾向、性別特質與性別認同多樣性的尊重 • 人際互動與親密關係發展
準備好小天使的降臨了嗎？	• 能了解育兒的注意事項與如何求助	• 人際互動與親密關係發展
如何維繫一個甜蜜的家庭	• 能了解維持家庭和諧的影響因素，認識家庭暴力並求助	• 家人關係與互動 • 身體自主權的尊重與維護
性別權益與性別平等	• 能了解與性別平等相關之權利，並關懷性別少數	• 性別權益與公共參與 • 性別與多元文化

　　十二年國教性別平等教育議題所有學習主題皆已囊括在課程中。對於特教教師或是身心障礙婚姻及生育教育的實務工作者，此表可以作為擬定課程時的參考。

失能的校園體制如何加劇性侵害創傷

王麗容 · 國立臺灣大學社會工作學系教授

關於此文

這篇文章介紹了由國立臺灣大學社會工作學系王麗容教授所主持的科技部 106 年度性別與科技研究計畫「校園性侵受害者受創與處置：『體制背叛』觀點分析」之研究成果。

2016 年，臺灣某私立大學發生一起校園性侵害事件。受害者指控系上師長處理過程的不當行為與言語，對其造成二度傷害。這起案件引起社會廣泛關注，讓人們開始反思：大學校方在性侵害事件中到底扮演怎麼樣的角色？該如何有效處理校園性侵害事件、減少受害者的心理創傷？

現行「性別平等教育法」（以下簡稱「性平法」）規定各級學校應設置「性別平等教育委員會」。該會除了推廣性別平等教育，也須擔任調查校園性暴力事件的角色。不過，性平法實施十多年來，實務上也產生許多問題，包含保密原則是否能落實、輔導與調查人力是否足夠，以及第一線人員是否具備足夠的敏感度等（陳靜玉，2014）[1]。有鑑於此，我們針對 617 名大專院校學生進行匿名問卷調查，也針對 3 名受害者進行訪談，試圖了解性侵害的心理影響，以及校園體制所扮演的角色。

---

[1]. 陳靜玉（2014）。從校園實務工作談處理校園性平事件之困境與倫理議題。諮商與輔導，**338**，34-37。

性侵害創傷：「體制背叛理論」觀點

許多研究指出，性侵害會造成長期的負面心理影響（包含憂鬱、焦慮以及創傷後壓力症候群），也與物質濫用以及自殺企圖有所關聯（Black et al., 2011; Campbell, Dworkin, & Cabral, 2009）[2,3]。然而，性侵害的傷害往往不只是來自事件本身，不同層次的個人、社會因素都會影響創傷與復原的程度。其中涉及自我、他人、組織或是文化對於性侵害事件的反饋與看法（Campbell et al., 2009）。舉例而言，許多受害者在揭露受害經驗之後，感覺沒有得到幫助，甚至受到冷漠或不當對待。如此一來，求助反而會造成受害者更大的創傷，形同二度傷害（secondary victimization）或是二度強暴（secondary rape; Campbell, 2008）[4]。這些負面的求助經驗會讓受害者失去信任感，漸漸不願向人談論性侵害事件，喪失對於自身受害經驗的話語權（Ahrens, 2006）[5]。

「體制背叛理論」（Institutional Betrayal Theory）更進一步指出「體制／組織」（institution）與性侵害受害者之間迂迴交纏的關係。該理論認為，性暴力事件的受害者可能因為原先「所信任或依賴」的組織對於事件的不作為或不當作為（甚至機構本身就是加害者）而感到遭體制「背叛」。體制背叛之所以嚴重，是因為組織未能回應受害者的信任，進而使得受害者對於現實失去控制感，產生二度傷害。過去研究發現，有性侵害受害

[2] Black, M. C., Basile, K. C., Breiding, M. J., Smith, S. G., Walters, M. L., Merrick, M. T., & Stevens, M. R. (2011). *The national intimate partner and sexual violence survey (NISVS): 2010 summary report.* Atlanta, GA: National Center for Injury Prevention and Control, Centers for Disease Control and Prevention.

[3] Campbell, R., Dworkin, E., & Cabral, G. (2009). An ecological model of the impact of sexual assault on women's mental health. *Trauma, Violence, & Abuse, 10*(3), 225-246.

[4] Campbell, R. (2008). The psychological impact of rape victims. *American Psychologist, 63*(8), 702-717.

[5] Ahrens, C. E. (2006). Being silenced: The impact of negative social reactions on the disclosure of rape. *American Journal of Community Psychology, 38*(3-4), 31-34.

經驗的大學生，會因為校方的種種作為產生體制背叛感，使性侵害的創傷與心理影響更加惡化（ Rosenthal, Smith & Freyd, 2016; Smith & Freyd, 2013）[6,7]。因此，我們在思考性侵害的長期影響時，也應該考慮受害者身處的組織或體制所扮演的角色。

● 校園調查：臺灣大專院校性侵害受害經驗

筆者於 2018 年領導其研究團隊，利用網路平台招募全國大專院校學

表 1　性侵害受害者的體制背叛經驗（本研究製表）

體制背叛經驗	發生比例
• 學校讓你難以通報你的經驗？	60.0%
• 學校事前沒有足夠的預防措施來防止這類事件的發生？	53.3%
• 在你通報事件後，並沒有給予足夠的回應？	46.7%
• 在你要求處分加害者後，並沒有適當處理你的案子？	46.7%
• 學校某些方面，否認你的經驗？	50.0%
• 使得整個環境，讓你不再覺得自己是學校一員？	46.7%
• 使得整個環境，讓你難以繼續待在學校裡面？	43.3%
• 學校把事情壓下來？	46.7%
• 學校製造一個大家對這類事件習以為常的環境？	46.7%
• 學校因為你通報事件而懲罰你？（例如：喪失原有的權益）	46.7%
• 學校製造一個使得這類事件更容易發生的環境？	43.3%
• 暗示你的經驗會影響學校的名聲？	36.7%

說明：n = 30。發生比例計算填答「有點符合」以上選項的比例。

[6.] Rosenthal, M. N., Smidt, A. M., & Freyd, J. J. (2016). Still second class: Sexual harassment of graduate students. *Psychology of Women Quarterly, 40*(3), 364-377.

[7.] Smith, C. P., & Freyd, J. J. (2013). Dangerous safe havens: Institutional betrayal exacerbates sexual trauma. *Journal of Traumatic Stress, 26*(1), 119-124.

生填寫匿名問卷，最終共收到 617 份有效問卷，其中 55% 為男性，45% 為女性，平均年齡約 23 歲。根據這份問卷統計，有 34 名受訪者（6%）上大學後曾遭受性侵害，其中 30 名（88%）加害者涉及校內人員，包含同學、師長以及教職員。我們發現，受害者有較高的憂鬱及焦慮症狀，也展現出一定程度的心理創傷反應，很多人甚至開始認為校園不再是一個安全的地方。然而，過去臺灣並沒有針對大專院校學生性侵害心理影響的調查研究。在此調查中，我們證實了性侵害確實會導致長期且嚴重的心理影響。關於此調查的詳細資料，讀者可參考王麗容、黃冠儒（2021）[8] 的期刊論文。

那麼學校的處理狀況如何呢？本研究中的受害者的感受有很大差異：有一部分的人感受到體制的背叛；另一部分的人感受到體制的支持。研究數據顯示，有 60% 的受害者曾經感受到「難以通報自己的經驗」；有 53% 感覺學校「沒有足夠的預防措施防止這種事情發生」；有 50% 感覺「學校在某些方面，否認自己的經驗」，可見體制背叛依然存在於臺灣校園。然而，也有許多人感受到體制的支持：有 63% 的受害者感受到「學校製造一個能夠正視性暴力議題嚴重性的環境」。這顯示校園性別平等教育有一定的成果。不過，儘管我們發現體制背叛與負面心理症狀有正相關的趨勢，但由於本研究中受害者人數較少，數據並未能達統計上的顯著，我們期待未來有更多研究進行探討。

更重要的是，本研究的訪談資料也發現，性侵害受害者對校園性平體制缺乏信任。從學校的氛圍是否保守、過去處理事件的方式，至電視新聞的報導都會影響受害者對學校體制的看法。如何讓學生更信任校園體制，亦是目前大學校方迫切需要努力的重點。

---

8. 王麗容、黃冠儒（2021）。大專院校學生性侵害受害經驗調查：心理影響、求助行為與體制背叛感。教育心理學報，53（1），57-80。

● 研究小結：告別「體制背叛」，邁向「體制責任」

> 「之前聽別人的案件，就是覺得說好像真的有很多的管道可以訴諸，然後可以幫到忙。可是自己在其中的時候，覺得真的很受限。」（受訪者 04）「坦白說，我不太相信我們學校的人 […] 我那時候主要碰到的資訊就是，還蠻負面的經驗，就是在性平的調查的過程中，就是也有再次受到裡面的委員傷害 …」（受訪者 01）

性平法實施已將近二十個年頭，大學校方與師長該如何面對性平事件？只要確實向上通報與按照流程處理，就夠了嗎？我們的研究發現，體制背叛的問題依然存在於臺灣校園。受害者對校園求助管道也缺乏信任，長期下來甚至可能影響心理復原的程度。因此，校園第一線人員必須認知到校園體制對性侵害創傷的重要，採取「創傷知情」（trauma — informed）的觀點，正視受害者的創傷與能動性在性平事件處理流程中的角色。此外，大學校方除了應該加強通報體制的易達性與處理效率，也應該處理學生對校園體制缺乏信任的問題。一次不良的處理都可能成為無人願意求助的惡性循環。另外，由於每個學校的狀況都不一樣，我們也建議校方可以進行「校園氛圍調查」（campus climate survey），了解學校的性暴力現況以及學生對校園體制的認知。調查本身除了可以展現校方對性暴力議題的重視，也可以藉此找出校園既存的問題。唯有對症下藥，才能有效處理校園性侵害的問題，負擔起校園該有的「體制責任」。

Gender, Science & Technology

當代藝術中的性別與科技

陳明惠 · 國立成功大學創意產業設計研究所副教授

| 關於此文

　　這篇文章介紹了由國立成功大學創意產業設計研究所陳明惠副教授所主持的科技部 105 年度性別與科技研究計畫「從數位女性主義觀點探討自 2000 年以來臺灣科技藝術中的性別議題」之研究成果。

● 看見科技藝術中的女性

　　2016 年奧地利的「林茲電子藝術節」（Ars Electronica）啟動了一個關於「新媒體藝術中的女性」（Women in Media Arts）的研究。這是由相對是以男性藝術家為主導的科技藝術領域裡，對於女性參加歷年「林茲電子藝術節」的人數及國籍研究與調查。「媒體藝術中的女性」旨在記錄曾參與過「林茲電子藝術節」的全球女性藝術家，尤其以數位媒體作為創作媒介者，這個計畫也希望能提高女性在新媒體藝術領域的曝光率。臺灣藝術家被記錄於此平台者包含：新媒體及電子聲音藝術家張晏慈、長期居住於巴黎的多媒體藝術家鄭淑麗、以錄像及新媒體創作關懷社會邊緣議題的陳依純、在美國麻省理工學院獲得碩士與博士文憑且在美國創業的新媒體藝術家龔南葳、進行「第二身體」（Second Body）新媒體跨域表演的舞者洪紹晴、從事與生物藝術相關創作的林沛瑩、聲音及電子藝術家劉佩雯，與目前旅美的藝術家殷妮綺。

　　像這樣連結科技與女性藝術的研究，更早之前是在 2003 年，由 MIT 出版社出版《女人、藝術與科技》一重要學術專書，集結女性藝術

家在《Leonardo》期刊的書寫與出版，並使以科技作為創作媒介的女性藝術家更能被發掘與重視。而波蘭裔英國女策展人佳莎‧理查茲特（Jasia Reichardt）於 1968 年 10 月 20 日在倫敦當代藝術機構 (ICA) 策劃第一場關於數位、網路、電腦藝術之大型國際展覽：「Cybernetic Serendipity」，此展覽探討數位、網路與藝術之間的關聯，是藝術史上首次正式大規模的科技藝術展覽。理查茲特的成就，促成她於 2016 年「林茲電子藝術節」獲得 Golden Nica 媒體藝術先驅（Visionary Pioneer of Media Art）的最高榮譽。

● 女性藝術在臺灣的發展

女性藝術從 1960 年代末期至今經過約五十年女性主義運動的洗禮，女性藝術家在創作的主題及媒材上更加多元，且已經超越過去只單一針對性別的議題。藝術家所關注的面向包含生活各層面：居住自然環境、飲食文化、政治話題、種族與認同、文化與差異、母親與家庭等等。另外，受全球交通便利及網際網路迅速流通所賜，西方與東方女性藝術家的交流較以往更頻繁，這也同時促使其藝術創作之多元性及複雜度。

在臺灣，科技與性別的首次連結始於 2003 年由臺灣女性藝術協會主辦、且由陳香君在高雄市立美術館所策劃的「網指之間：第一屆國際女性藝術節」展覽。該展覽由陳香君邀請臺灣女性藝術家呼應亞洲（尤其臺灣）日趨重要的科技與數位文化現象，並邀請來自韓國、日本、泰國、新加坡、香港、法國和美國等 29 位女性藝術家參展。展出作品均涉及科技及科技對於生活的影響，及科技文化下我們對生命的思維與想法，包含許多科技相關媒材與主題，如機體人、網路幻遊、數位身體、監視幻想、虛擬科技等議題；創作手法多以跨領域的藝術型態表現，大量使用電腦操控、程式設計的影像空間裝置作品。該次展覽展出的作品所關注的課題與男性藝術家不太相同，作品常觸及嬰兒議題、居家環境、身體感知等。

● 展望女性藝術更多元的未來

　　臺灣女性藝術隨著解嚴之後婦運的蓬勃發展，留學的女性藝術家與史學者返國後，才於 1990 年代開始出現女性主義藝術風格與思想。在歷經近 30 年的女性藝術發展的今日，女性藝術家的創作更趨多元，尤其藉著科技影響當今生活與文化之賜，越來越多的女性藝術家創作媒材更偏於科技導向，且臺灣女性科技藝術家的創作與研究更趨重要與具時代意義。近年來臺灣女性科技藝術家結合科技與藝術兩個不同學門，進而解構或重新審視性別議題。臺灣女性科技藝術家作品探討的議題，包含對於身體與性別的重新詮釋，對於社會、政治議題提出批判，對於同志、跨性之性別認同的思考，及近年來透過生物藝術的創作手法，對於性別議題加入與其他生物的對照與有趣的觀察等面向。

女科技人面面觀
—《臺灣女科技人電子報》簡介

高惠春 · 淡江大學化學系退休教授

▌關於此文

　　這篇文章介紹了由淡江大學化學系高惠春教授所主持的科技部 104 年度性別與科技研究計畫「臺灣女科技人網絡與實質交流」之研究成果。

　　「臺灣女科技人網絡與實質交流」計畫旨在營造對女性友善的環境、提升女性在科技領域的領導能力、提升女性在科技領域的參與及減少流失、納入性別考量的科學研究、提供楷模供年輕女孩作為學習的對象。在計畫執行期間，我們以《臺灣女科技人電子報》作為讓社會大眾了解女科技人各種不同面貌的管道。主要的傳送對象是大專院校老師，不分男、女，也不分領域，希望各領域的學者、專家都能夠多多少少具備一些性別概念，也藉此提升女科技人的能見度、減少性別偏差觀念，縮短性別差異。在 2012 至 2016 的 5 年間，電子報的內容越來越豐富，一直維持一貫的風貌並不斷地提升其可讀性，至計畫執行後期，我們每月發送的讀者電子郵件信箱已超過 2 萬份（參見圖 1）。

● 《臺灣女科技人電子報》的多元樣貌

　　《臺灣女科技人電子報》包含了下列專欄：10 則性別與科技新聞、特寫（偶數期）、群象（奇數期）、科技人論壇、科技會議與活動報導、性別與科技好文／好書、事求人／人求事以及相關網站連結，內容豐富。

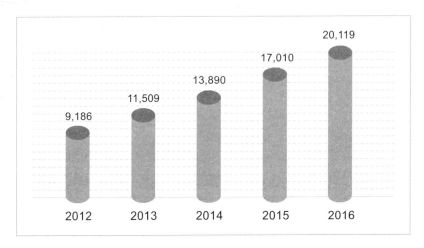

圖 1 《臺灣女科技人電子報》2012 年至 2016 年發報數 (資料來源：本研究計畫)

我們也邀請不同領域的女科技人協助主編電子報（以下稱為執行編輯），不同專長的執行編輯使得每一期電子報皆各具特色，群象人物的邀請也因為執行編輯的不同而得以呈現出理、工、醫、農等各領域學者的多元風貌。以下介紹幾個較具特色的專欄：

「群象」在奇數期出現。由執行編輯邀約 5-7 位女性科學工作者，每人填寫一頁 A4 紙大小的表單，簡單介紹自己。以 2015 年 11 月的 95 期為例，介紹了臺北科技大學材料及資源工程學系李嘉甄教授、東吳大學數學系朱啓平教授、淡江大學通識與核心課程中心陳杏枝教授、淡江大學大傳系王慰慈教授、財團法人資訊工業策進會數據科技與應用研究所林蔚君所長、富鈞開發工程股份有限公司總經理暨創辦人鄭詠紜、瑞德感知科技股份有限公司總經理暨創辦人林筱玫。

「特寫」在偶數期出現，也是由執行編輯邀約一位特寫人物，以專訪或是受邀者自行撰稿的方式寫一篇專文。表 1 列出 92 期（2015 年 8 月）至 106 期（2016 年 10 月）的特寫人物。

「科技人論壇」邀請學者專家針對特定議題加以闡述。同樣以 95 期為例，由王慰慈教授（淡江大學大眾傳播系）執筆，題目是〈拿起攝影機拍攝女科技人－數學女鬥士－徐道寧教授勇敢做自己的人生啓示〉。王慰慈教授與在文化大學戲劇系任教的井兆迎教授，於 2015 年合拍了一部片長約 90 分鐘的影片道出臺灣第一位獲得數學博士的女性學者－徐道寧的故事及其生命態度。表 2 列出 92 期至 106 期的論壇題目、撰稿人。

「科技會議與活動報導」則是由參加過女性科技相關會議與活動者撰稿並分享給讀者。例如，吳嘉麗教授（淡江大學化學系榮譽教授）、宋順蓮女士（微功商行負責人）與趙淑妙教授（中央研究院生物多樣性研究中心主任）曾一起於 2015 年 10 月 18-26 日參加在烏干達舉辦之 INWES 非洲區轄下的 ARN（Africa Reginal Network）會議，寫了一篇文情並茂的參訪報告登在 95 期（2015 年 11 月）電子報，題目是「國際女科技人聯絡網 2015 非洲區域會議暨烏干達參訪報告」。

另外，我於 2015 年 6 月 25-27 日赴蒙古參加「亞太國家聯絡網暨女科技人國際會議（2015 APNN & ICWSTEM）」，報告刊登在 92 期（2015 年 8 月）電子報。APNN 是 Asia and Pacific Nation Network 的縮寫，它是 INWES （International Network of Women Engineers and Scientists）下的一個分支，每年在亞太地區會員國中輪流主辦。2013 年、2020 年的 APNN 皆在臺灣舉行，而 2020 年因為疫情關係，國外的與會人士全部線上參與。2021 年的 APNN 則預計在菲律賓舉行。

● 《女科技人的美麗心世界》傳承女科技人的心靈園地

《臺灣女科技人電子報》創始於淡江大學吳嘉麗教授 2008 年執行的國科會（科技部的前身）計畫，直至 2012 年吳教授因退休無法再繼

續申請國科會計畫後，由我接班，從 56 期（2012 年 8 月）開始辦到
108 期（2016 年 12 月）。我辦完《臺灣女科技人電子報》第 108 期之
後也退休了，現在則由高雄科技大學造船系洪文玲教授接手，電子報名
稱改為《女科技人的美麗心世界》(http://twepress.net/)，每月 15 日出
刊。在此也很感謝洪教授將過去 108 期的特寫與論壇文章存於新的網頁
中，留下一些可貴的資料，有興趣的讀者可以上網查閱。

《臺灣女科技人電子報》已經順利走過 13 個年頭，提供了許多資
訊分享給讀者。希望未來仍可以長期服務臺灣的科技界人士，尤其是女
科技人。感謝科技部持續地支持，也歡迎大家踴躍上網訂閱，一起來增
加電子報的讀者群！

表 1　92-106 期（偶數期）特寫人物 (本研究製表)

人物 - 期數	年月	服務單位	職稱
熊　昭— 092	201508	國家衛生研究院群體健康科學研究所	所長
張一知— 094	201510	臺灣師範大學化學系	教授
簡海珊— 096	201512	全福生技公司	總經理兼董事長
宋順蓮— 098	201602	微功商行公司	負責人
吳嘉麗— 100	201604	淡江大學化學系	榮譽教授
蘇慧貞— 102	201606	成功大學	校長
黃奕雯— 104	201608	ABB/Los Gatos Research	資深研究員
陳惠玉— 106	201610	中興大學物理系	副教授

表 2　92-106 期的女科技人論壇題目、撰稿人。（本研究製表）

期數	論壇題目	撰稿人（服務單位及職稱）
092	2015 居禮夫人高中化學營居禮夫人論壇－我的未來不是夢側記	李紫原（清華大學材料科學工程學系教授）
093	天才科學家背後的女性與社會限制	成令方（高雄醫學大學性別研究所副教授）
094	「天下萬物生於有，有生於無。」－論述諾貝爾獎與女性的科學典範學習	周芳妃（北一女中化學科教師）
095	數學女鬥士 勇敢做自己－徐道寧教授的人生啟示	王慰慈（淡江大學大眾傳播系副教授）
096	首爾宣言：推動亞太地區之性別研究、創新及社會經濟發展	科技部「促進科技領域之性別研究規劃推動計畫」翻譯
097	女性學者獲得學術獎的機會相對地比男性少嗎？	高惠春（淡江大學化學系教授）
098	從性別角度看這次選舉	吳嘉麗（淡江大學化學系榮譽教授）
099	職業母親和奶爸的性別平權	成令方（高雄醫學大學性別研究所副教授）
100	跨界人生的無限可能	蔡麗玲（高雄師範大學性別教育研究所副教授）
101	性別與科技教育現場的觀察與省思：《科技中的女性臉譜》動畫數位教材施教的田野札記	陳明秀（大同大學設計科學研究所助理教授）
102	「年級生」的說法有意義嗎？從社會學的 Cohort 分析談起	翁志遠（輔仁大學社會系副教授）
103	人口老化－活得老活得好	洪韻鴻（科技部臺灣女科技人網絡與實質交流計畫專任助理）
104	分分合合－從我國高中科學資優教育編班發展談臺灣單一性別高中的轉型	周芳妃（北一女中化學科老師）
105	天氣瓶實作競賽提升科技大學女學生基礎能力之初探－以中臺科技大學為例	徐惠麗（中臺科技大學人文暨通識教育學院院長）
106	走一條屬於自己的路－談教育如何促進女孩的科學夢	劉淑雯（臺北市立大學師資培育及職涯發展中心助理教授）

哇！原來這是性別與科技!?
Gender, Science & Technology

哇！原來這是性別與科技！？

7 家庭與照顧

臺灣還是男主外，女主內嗎？從夫妻就業決定與家務分配看傳統觀念的影響

唐孟祺 · 國立中正大學經濟學系教授

| 關於此文

　　這篇文章介紹了由時任國立中正大學經濟學系徐吉良教授所主持的科技部 101 年度性別與科技研究計畫「臺灣女性家庭權力與夫妻共同就業決定」之研究成果。本文由計畫共同主持人唐孟祺教授撰稿。部分內容及圖表修改自己刊登之國際期刊文章 Shiu, J. -L. & Tang, M,-C. (2017). A Capable wife: Couple's joint decisions on labor supply and family chores. *Empirical Economics, 53*(2), 827-851.

● 當女性工作時，還是要主內？

　　「經濟學人雜誌」（The Economist）[1] 在 2011 年 8 月刊載文章探討亞洲國家當時的晚婚及不婚現象，及其對女性、傳統價值與政治的影響。該文引起時任中正大學經濟系的徐吉良老師（現任中國廣州暨南大學教授）與我的研究興趣。

　　在我們成長的過程中，「男主外，女主內」是大家耳熟能詳的觀念。但隨著臺灣經濟起飛，女性的教育水準與就業率也隨之快速成長。在這樣的情況下，一位教育程度高的職業婦女能夠貢獻給家務的時間自然會減少。以經濟學的術語來說，這代表了教育程度高的職業婦女做為家庭

---

1. The Economist (2011, August 20th). *The Flight from Marriage*. The Economist.
https://www.economist.com/briefing/2011/08/20/the-flight-from-marriage

主婦、或是踏入婚姻的機會成本將因而增加。若「男主外，女主內」這樣的傳統家庭觀念沒有改變，在女性於職場發揮的同時，社會仍期望其一手撐起家務的話，那麼，女性的壓力自然只會有增無減。

這種家務與工作之間的衝突，可能是造成當前晚婚、不婚及少子化現象的原因之一。為了研究臺灣傳統家庭觀念與其對婦女在家中權力分配及在外就業的影響，我們因此展開這項研究計畫，並在國際期刊發表了成果（Shiu & Tang, 2017）[2]。

● 教育程度相當，但女性薪水和就業率較低、負擔家務較多

承科技部「性別與科技研究計畫」與中研院人社中心開放研究使用的「華人家庭動態資料庫」支持，我們從臺灣雙薪家庭的分佈以及家務分配的比率，來探討家庭中夫妻對就業與家務分配的偏好。我們以 1999 年至 2004 年的抽樣資料中 28-55 歲的受訪者為對象，進行研究。

從男性受訪者樣本來看，男性平均一週從事家務的時間約為 5.6 小時，而其妻子則約從事 20.86 小時的家務。類似的結果也出現在女性受訪者樣本，妻子平均約擔負了 78% 的總家務時間。

若依家務時間及樣本分類的統計來看（如表 1），在 1307 筆男性受訪者資料中，有近 24% 的男性不從事任何家務；而在 1433 筆女性受訪者的資料中，則有近 35% 的男性未從事任何家務。且不論是男性或女性受訪者，資料均顯示，有超過 60% 的男性 1 週僅花 5 小時以下的時間從事家務；多數女性則約花 11 至 15 小時在家務上。亦有約 19% 的男性受訪人回答，妻子 1 週有超過 30 小時的時間花在家務上。

---

2. Shiu, J. -L., & Tang, M. -C. (2017). A capable wife: Couple's joint decisions on labor supply and family chores. *Empirical Economics, 53*(2), 827-851.

表 1 夫妻家務時間分配佔樣本比率（本研究製表）

家務時間 （小時）	男性樣本	男性配偶樣本	女性樣本	女性配偶樣本
0	23.95	2.14	1.81	34.96
1-5	39.33	10.33	13.12	31.75
6-10	23.87	16.22	19.96	20.52
11-15	7.80	18.44	21.00	6.42
16-20	2.14	10.25	7.33	1.81
21-25	2.22	15.07	14.72	2.09
26-30	0.69	9.03	10.19	1.12
30 跟 30 以上	0.99	18.52	11.86	1.33
樣本數量	1307		1433	

據此可知，樣本雖然顯示女性教育程度與就業隨著經濟成長而增加，但多數的家務負擔仍是落在女性身上。

此外，資料顯示，男性的薪資平均比女性多了約 29,000 元。以男性受訪者為例，有 94% 男性受訪者有工作，而其配偶則僅有 62% 就業。男性 1 週的工時約 48 小時，亦高於女性的 29 小時。

相較於工時、薪水與家務分配的差異，男女教育程度的差異相對較小。資料顯示，兩者受教育的年數平均來說差不到 2 年。可見，女性雖然與男性教育程度相當，但其相對的薪水仍較男性低，就業的比率也較低；負擔的家務則較多。

● 無論是單薪還是雙薪，女性家務還是得一把罩

我們的研究方法假設家庭內的溝通為一合作賽局（cooperateive game）（Becker, 1981）[3]，即丈夫與妻子共同決定是對家庭最好的選擇，

[3.] Becker, G. S. (1981). *A treatise on the family*. Cambridge, MA: Harvard University

而不是僅由丈夫或妻子單獨決定。因此，在丈夫與妻子之間的權力分配會影響雙方決策的假設下，我們參照 Bresnahan 與 Reiss（1991）[4]的方法，提出一結構型估計法（structural estimation），用以估計丈夫與妻子對雙薪家庭的共同偏好。我們使用華人家庭動態資料庫中的家務分配資料；並將樣本分為男性與女性受訪者（Shiu & Tang, 2016）[5]，進一步探看丈夫與妻子對雙薪家庭的不同偏好。

我們使用男性受訪者的資料進行分析，結果顯示，妻子就業會減少丈夫就業的機率約 13.4%；而使用女性受訪者的資料估計則顯示，丈夫就業會減少 9.8% 妻子就業的機率。這樣的估計值隱含夫妻雙方同時在外工作未必是對家庭最好的結果。因為在模型中，丈夫及妻子的就業會分別對自己及配偶帶來不同的影響。若有一方決定就業，代表其就業對自己帶來的好處和對配偶的帶來的好處之加總為正；反之則不會選擇就業。實證結果顯示，配偶就業會減少個人就業的結果，代表雙方同時就業對家庭的影響是負的，也就是一般家庭並不偏好雙方同時就業。可能的解釋為，當夫妻均就業時，家務的維持便成為雙方的負擔。

由於第一個實證模型無法分離雙方同時就業對丈夫及妻子的效果，我們進一步以家務資料來衡量家中權力分配，並將樣本分成就業與非就業的樣本進行估計。結果顯示，雙薪家庭所帶來的負效果主要從丈夫產生。可能的解釋為，妻子就業會造成丈夫負擔的家務增加，但丈夫的就業則並未顯著影響妻子的家務分擔。也就是丈夫多半仍抱持著「男主外，女主內」的想法，而妻子不論工作與否都仍須操持一定程度的家務。這也是我們發

Press.

4. Bresnahan, T. F., & Reiss, P. C. (1991). Empirical models of discrete games. *Journal of Econometrics, 48*(1), 57-81.

5. Shiu, J. -L., & Tang, M. -C. (2016). Household preferences and joint decisions on employer-provided health insurance access. *The Manchester School, 84*(6), 723-748.

表的文章英文題名為「a capable wife（全能賢妻）」的來由。

我們的實證結果說明，若個人就業對雙方帶來的影響均為負時，雙方都會選擇不工作。若丈夫已有工作，則妻子也選擇就業，其情況就必須是妻子就業對自己帶來的好處要大於妻子就業對丈夫帶來的負影響。例如，妻子就業的薪水若未達一定水準，丈夫可能會更希望妻子在家全職操持家務。

若某家庭選擇雙薪，則丈夫及妻子的就業需為雙方帶來足夠的好處；反之，便可能呈現「只有丈夫就業」或是「只有妻子就業」的情況。而數據顯示，丈夫就業遠比妻子就業更有可能發生，也符合樣本中多數單薪家庭為只有丈夫工作的情況。

● 夫妻共同分擔家務，建立平權的婚姻生活

如同亞洲其它國家，臺灣也面臨晚婚、不婚，以及因此帶來的少子化危機。我們的研究結果顯示，在女性的教育程度及就業能力均隨經濟成長而提高的時候，傳統「男主外，女主內」的觀念仍然存在。一般家庭並不偏好夫妻雙方均外出工作，原因主要來自丈夫對妻子操持家務的期望。而女性因此在工作之餘仍需負擔大部分家務，亦造成其對婚姻的卻步。

我們建議政府可以更加強提倡兩性平權及丈夫分擔家務的觀念，並提供更多減少女性家務負擔的方法。例如對生產、養育幼兒，以及老人照護等提供補助，均是政府可以減少女性對婚姻有所顧慮的政策方向。此外，保障女性就業時能與男性有平權的薪資結構，也應能加強女性在家中的地位，讓女性更願意踏入婚姻、組織家庭。

分離夫妻職家互動的美麗與哀愁

吳欣蓓 · 東吳大學商學院企業管理學系助理教授

┃ 關於此文

　　這篇文章介紹了由東吳大學商學院企業管理學系吳欣蓓助理教授所主持的科技部 105 年度性別與科技研究計畫「分離夫妻的美麗與哀愁：職家衝突的交互影響研究」之研究成果。

● 分離夫妻，誰美麗，誰哀愁？

　　我經歷了七年的分離夫妻生活，甚至有兩年的時間一家人分居兩岸。我們三個人（包含幼子）各自生活在三地，每週我則通勤回家陪伴孩子和處理家務。七年的時間內，我和內子分別輪流扮演了分離夫妻中留守者和離家者的角色，工作發展與家庭幸福的拉鋸是每日戲碼。不過，我們不是唯一的例子。身邊有不少友人、學生也維持著分離夫妻的家庭生活方式，也就是夫妻因為工作緣故暫時分居，分離的週期可能短至四到五天，長則數月。

　　導致分離夫妻這樣特有家庭型態的原因或待探究，多少可能與臺灣女性勞動參與率提高、雙生涯家庭的夫妻都具工作專業承諾、重視職業發展，或者與為追求家庭所得最大化、就業保障等有關。但我好奇的是，是什麼支撐著這種家庭型態歷久不衰？（就我的例子，七年不算短，那別人呢？）在這種家庭型態下的夫妻快樂嗎？（留守者一邊工作一邊又要操持家務與照顧孩子，就注定是哀怨的？離家者少了家庭責任便生活愜意而美麗了嗎？）

為了回答這兩個基本問題，我以工作／家庭疆域理論和邊界理論為基礎，初步建構了「夫妻重視工作與重視家庭價值取向如何影響彼此工作／家庭衝突與工作／家庭滿意度」的研究模型。為了不想見樹不見林，又有鑑於現象本身似乎越來越可觀察，也能被理論解釋（或者部分解釋），我們團隊提出假設，並在數量資料可取得性亦高的情況下，選擇了量化的研究方法想獲得較全面的結論，並招募分離夫妻進行問卷調查。雖然無法普查臺灣現況，但以符合樣本代表性的分離夫妻樣本來有限度地回應研究問題。

● 工作／家庭的疆域和邊界理論

Ashforth、Kreiner 與 Fugate（2000）[1] 的疆域理論（boundary theory）和 Clark（2000）[2] 的邊界理論（border theory），都是思考工作／家庭平衡的新理論，其主要目的在於探討夫妻如何在工作與家庭兩種不相容的角色衝突間取得平衡。Clark（2000）認為，每個人都是邊界的跨越者，每天在工作與家庭領域中穿梭；是否跨入或跨出另一個場域，取決於另一個領域相關行為的開始或停止。兩個領域可能發生分割（segmentation）與整合（Integration）。分割是指人們可以讓工作與家庭兩個領域間存在強邊界（strong borders），也就是在心理（psychological）、時間（temporal）與空間（physical）上能有所區隔；整合則指兩個領域間存在弱邊界（weak borders）並有交集。像是人們常在工作時心裡還掛念著孩子或者晚飯的事，在家時則想著如何完成工作；或者是在工作時花時間做家庭領域的事，例如跑業務時幫小孩買學

[1.] Ashforth, B. E., Kreiner, G. E., & Fugate, M. (2000). All in a day's work: Boundaries and micro role transitions. *Academy of Management Review, 25*(3), 472-491.

[2.] Clark, S. C. (2000). Work/family border theory: A new theory of work/family balance. *Human Relations, 53*(6), 747-770.

用品，在家庭時間裡做工作的事，例如陪伴家人時還一邊用手機回覆工作訊息；又或者是在工作場域分身到屬於家庭領域的空間，例如臨時到校接孩子，在家庭場域分身到屬於工作領域的空間，例如在家工作等。

當邊界是可滲透時，也就是某個領域的要素可以進入到另一個領域，邊界還具有彈性可以被縮小與延展。例如個人若能自由選擇工作時間，表示區隔工作與家庭的時間邊界非常具有彈性；若可以自由選擇工作地點，則表示區隔工作與家庭的空間邊界非常具有彈性；當心理邊界具有彈性時，表示個人可以在工作中想家庭的事，或是在家庭中想工作的事，即想法、觀點與情緒在工作與家庭領域間流動十分容易。當邊界處有許多滲透與彈性發生時，融合（blending）就產生了，也決定了邊界的強度（弱邊界）。此時，融合會創造出一個不屬於工作或家庭領域的邊界領域（borderland）。例如在家工作者會一邊工作一邊照顧小孩，或者當個人運用家庭經驗於工作上或是運用工作經驗增進家庭生活時，時空與心理的融合也發生了。

於是，本研究認為，依滲透與彈性高低程度可推論角色衝突高低的情況（如表1），並據此以分離夫妻的生活樣態（離家者傾向強邊界與留守者傾向弱邊界，如圖1）來檢驗工作／家庭角色重要性認知（work / family role salience）、職家衝突（WIF / FIW）與工作／家庭滿意度的關係。

表 1 邊界條件與角色衝突之可能關係 （本研究製表）

邊界條件	空間、時間、心理彈性高	空間、時間、心理彈性低
職家滲透性高	弱邊界／融合／高衝突	最高角色衝突
職家滲透性低	最低角色衝突	強邊界／低衝突

圖 1 離家者的強邊界與留守者的弱邊界假設示意圖（資料來源：本研究繪圖）

分離夫妻樣本描述

首先，我們鎖定雙薪家庭中至少育有一子的分離夫妻進行研究。分離夫妻乃指因為工作緣故必須分居至少四天以上者。最後，我們有效接觸了 139 對分離夫妻，其中擔任留守者以女性居多，有 120 位，男性則有 19 位。整體樣本特徵為：年齡平均約 41 歲、多數擁有大學學歷（62%）、組織任職時間平均 11 年半、婚齡平均約 12 年、一個家庭平均育有接近兩名子女且子女年齡平均約九歲半、多數（n=87）家庭沒跟父母居住也沒住附近，並且他們以分離夫妻形式生活的平均時間已約有六年。

研究發現

1. 離家者的工作角色重要性認知與「工作干擾家庭的衝突」（WIF）感受顯著高於留守者，其他研究變項則無顯著差異。

2. 離家者越重視家庭（家庭角色重要性認知越高），「家庭干擾工作的衝突」（FIW）感受會愈低，家庭滿意度也越高；離家者越重視家庭，則留守者的 FIW 也會越低，進而提高留守者的工作與家庭滿意度。

3. 留守者越重視家庭，則會提高離家者的 WIF 感受，並且降低離家者對
  工作的滿意度。

● 離家者重視家庭的雙贏局面

　　我們發現，離家者的家庭角色重要性認知至關重要。離家者與留守者的低 FIW，主要受到離家者重視家庭取向的保護，也影響雙方的家庭滿意度，甚至影響留守者的工作滿意度。留守者代表家的一方，當在外一方的重視家庭取向透過心理邊界滲入到家的一方時，可如金鐘罩般保護了家庭，也說明離家者存在兩個領域的心理弱邊界時，會影響著自身和配偶的角色衝突與生活福祉。換句話說，離家者的重視家庭意識可以讓留守者的心理很美麗。

● 留守者重視家庭則可能是雙面刃

　　沒有考慮伴侶效果的情況下，留守者的重家意識也會降低自己的 FIW。不過，留守者的重家角色認知卻不是離家者在職家衝突上的保護因子，反而提高了離家者的 WIF，並降低了他們的工作滿意度。當家的場域變項滲透到離家配偶的工作場域時，很明顯有了衝突性。它像是離家者無法應付的家庭要求，透過心理邊界的可滲透性直入離家者為工作場域設下的時間與空間防線，在缺乏因應彈性的情況下，打亂了工作場域內的心理平靜，也損及了工作心理。換句話說，留守者的重視家庭意識會讓離家者的心理很憂鬱！

夫妻主客觀決策契合度
對其婚姻適應的影響

高旭繁 · 玄奘大學應用心理學系教授

關於此文

　　這篇文章介紹了由玄奘大學應用心理學系高旭繁教授所主持的科技部 101 年度性別與科技研究計畫「當新好男人遇上新時代女性？夫妻在不同生活情境中的決策與適應後果」之研究成果。本文摘錄並改寫自高旭繁等人（2016）。當新好男人遇上新時代女性？夫妻在不同生活情境中的決策與適應後果。**東亞學術研究**，**1**，91-112。

夫妻的日常

　　這是一個女性友人跟我分享她多年來的心結：「我家就我跟我妹兩個小孩。每逢過年，我就非常介意為什麼我不能回我家吃年夜飯，卻要回我先生家。我先生是家裏有兩個姊姊一個弟弟。我當然知道是傳統，但當婆家熱熱鬧鬧時，我想到我父母孤單兩個人，心裡就不舒服。」她又說道：「接下來是初三到初五的出遊，先生會覺得好不容易姊姊們都回來了，要安排全家旅遊。可是我也想跟我妹及我父母出遊啊！」

　　以上這樣的場景，您是否覺得似曾相識？相關的場景還包括，兒子帶著媳婦回婆家吃年夜飯，究竟該是婆婆下廚還是媳婦下廚？飯後該由老公洗碗還是老婆洗碗？母親節、父親節要回婆家還是娘家慶祝？當然，很多家庭面對上述的問題已經有許多解決方式，譬如兩家輪流，甚至關係好的還可以請親家一起住、一起出遊。不過要能這樣因應，很多

人可能就會說：「那也要她／他願意配合」、「我公公／婆婆／丈人／丈母娘或他們家，不可能啦！」畢竟，家家有本難念的經。

在現代化的浪潮下，隨著時代的快速變遷，臺灣社會許多傳統觀念及習俗都在解構中；每個華人都有某些程度的現代化，但也同時保有某種程度的傳統性。在夫妻的世界裡，如果雙方對於社會變遷的理解、接受、乃至調整的幅度與速度不同，都可能對婚姻關係帶來衝擊。不過，華人的所作所為，其實是相當重視情境脈絡的，即所謂的「見機行事」（高旭繁，2013）[1]。因此，我們可以進一步思考，在社會變遷的脈絡下，夫妻面對不同情境下的決策之契合與否，會對婚姻適應帶來怎麼樣的衝擊。

● 華人的情境取向

華人究竟多會「見機行事」呢？回到上述的場景，在兩性平等的小家庭裡，老公可能承擔了許多家庭勞務；但回到了婆家，情況就變成老婆要扮演一下辛勤家務的好媳婦。顯然，在自家及婆家，不同的情境就要有不同的作為，才能免於衝突並滿足他人期待，也才能相安無事。以研究觀點而言，旅美人類學者許烺光（Hsu, 1981）[2]即指出，華人有一種以情境為中心的傾向，他稱之為「情境取向（situationalism）」，即「見機行事」。許多研究均發現，相較於西方人，華人較容易受情境脈絡的影響。

筆者曾整理出當代華人社會具傳統文化元素的主要情境（如「以和為貴」、「孝親順長」等），以及具西方文化元素的主要情境（如「直

---

[1]. 高旭繁（2103）。忠於自我或見機行事？華人關鍵情境下的行為差異。本土心理研究，**40**，3-44。

[2]. Hsu, F. L. K.(許烺光)(1981). American and Chinese: *Passage to differences* (3rd ed.). Honolulu: University of Hawaii Press.

接表達」、「尊重個人」等）。後續研究也發現，在社會變遷的過程中，華人面對具有強烈文化價值的情境時，其行為將受情境脈絡影響（高旭繁，2013）。

有趣的是，夫妻雙方在上述兩類情境下的行為決策相契合嗎？如果夫妻「一人一把號，各吹各的調」，對婚姻適應會產生怎麼樣的影響？合則如何，不合又如何？

● 242 對夫妻的世界

在筆者的研究中（高旭繁、歐美霞、張惠鈞、秦國揚，2016）[3]，參與者主要是居住於桃竹苗及台中地區、育有未成年子女、且雙方皆有全職工作之 242 對夫妻，平均年齡為 38.71 歲，年齡層以 31～40 歲為最多，佔全樣本的 53.9%。丈夫平均年齡為 39.73 歲；妻子平均年齡為 37.68 歲。丈夫平均年齡大於妻子。

上述參與者中，受教育年數的平均值為 15.24 年；高中程度者佔 20.%；專科程度者佔 19.2%；大學程度者佔 38.5%；研究所程度者佔 21.9%。教育程度以大學程度者為最多，而丈夫的教育程度平均高於妻子。

育有子女數為 1 至 4 個，以 2 個孩子最多，佔 53.8%。最年幼子女以學齡前最多，佔 49.8%；國小階段佔 28.5%；中學階段佔 21.7%。最年幼子女以學齡前階段的家庭為最多。

本研究採用問卷調查法。我們請這些夫妻完成「不同生活情境下的決策契合度」、「婚姻適應」（分為「衝突嚴重性」及「婚姻滿意度」）

[3] 高旭繁、歐美霞、張惠鈞、秦國揚（2016）。當新好男人遇上新時代女性？夫妻在不同生活情境中的決策與適應後果。東亞學術研究，**1**，91-112。

兩量表，並控制其「自我觀」（含「個人取向」及「社會取向」），以分析夫妻主觀及客觀的決策差距對其婚姻適應的影響。上述工具在過去研究及本研究中，均有不錯的信度及效度。

統計分析包含相關及迴歸分析，結果（詳參表 1）發現：（1）夫妻的主觀決策差異皆會影響各自的婚姻適應；（2）在控制自我觀後，丈夫的主觀決策差異可預測婚姻適應結果；（3）相較於丈夫，妻子較易受丈夫影響。

表 1　夫妻婚姻應適應之預測因子 (本研究製表)

依變項	丈夫衝突嚴重性	丈夫婚姻滿意度	妻子衝突嚴重性	妻子婚姻滿意度
有效預測變項	丈夫主觀差距	夫社會取向自我觀 妻社會取向自我觀 丈夫主觀差距	妻社會取向自我觀 丈夫主觀差距 妻子主觀差距	妻社會取向自我觀 妻個人取向自我觀 丈夫主觀差距 妻子主觀差距

● 合則樂，不合則怒，然後呢？

綜合上述研究結果發現，夫妻之間契合與否確實影響著婚姻適應。不過，值得注意的是，差距的影響多半是因為主觀的知覺而非客觀的差距。換言之，夫妻的決策可能無實質上的差距，但會因彼此已認定對方一定如何，而產生後續結果。因此，夫妻之間需要更多的實質溝通，減少臆測，將彼此真正的想法表達出來，才能避免主觀的自以為是產生無謂的衝突或不滿。

另一個特別的結果是，除了受自身的主觀感受影響之外，妻子的婚姻適應較易受丈夫主觀差距的影響；反之丈夫則不受妻子影響。這或許是因為丈夫若知覺到差距，便會先想辦法處理，當然也可能將自己的想

法強加給妻子，因而造成妻子更多適應上的問題，同時丈夫自己當然也不好受。反而，妻子較能將所知覺到的差距隱忍，因此不會放大此差距的影響。

不過，此研究的對象畢竟偏屬年輕且有高學歷的夫妻。關於各種不同樣貌的夫妻世界，筆者期待有更多相關研究投入。

性別化的長期照顧
─落在女性身上的照顧重擔

王麗容 · 國立臺灣大學社會工作學系教授

關於此文

這篇文章介紹了由國立臺灣大學社會工作學系王麗容教授所主持的科技部 105 年度性別與科技研究計畫「性別化照顧、代間契約和照顧風險對照顧體制發展的意涵」之研究成果。

● 女性＝家庭照顧者？

麻豆雙屍案疑似媳婦悶死公公再自殺，在純樸的鄉間引起不小騷動。王姓婦人一家住在麻豆多年，早期照顧公婆及阿嬤，婆婆與阿嬤相繼過世後，疑因長期照護所生的巨大壓力，身心無法負荷，釀生這場悲劇。──《中國時報》2016.01.27

長期照護對許多臺灣家庭造成很大的負擔，媒體上也常常出現許多不堪照顧壓力而造成的「長照悲劇」，其中女性往往首當其衝受到照顧壓力的影響。在過去，男性出外負擔家中經濟、女性則被期待侍奉一家老小。如此景象到了 21 世紀的今天改變了嗎？根據 2016 年的「婦女婚育與就業調查」[1]，有偶女性每天平均花費 3.81 小時進行無償照顧，遠大於丈夫的 1.13 小時。這顯示，家務勞動依然有嚴重的性別化現象。近年來，隨著女性勞動參與率逐年提升，儘管政府提供了各種工作與家庭

---

[1] 行政院主計總處（2017）。**105 年婦女婚育與就業狀況調查**。行政院主計總處。

的平衡措施（包含托育津貼與長照政策），職場女性依然需要負擔大多數家務與照顧長輩的責任，面臨蠟燭兩頭燒的困境。

面對高齡社會的來臨，行政院從 2007 年開始實施「長期照顧十年計畫」以及後續的「長照 2.0」政策，希望透過居家、社區以及長照機構等資源，滿足不同背景的「被照顧者」需求，同時也期望減輕「照顧者」的負擔。然而，我們想了解的是：長照政策有「看見」這些女性照顧者嗎？長期身為家中主要照顧者的女性，命運真的改變了嗎？

● 是「家庭長照」？還是「女兒／媳婦長照」？

目前臺灣多數家庭都是由家人自行照顧長者，照護機構與社區資源的普及率不高，大家仍然認為在家中終老才是最好的方式。然而，「家庭照顧」往往等同於「女兒／媳婦照顧」。不論何時女性都背負著成為照顧者的期待——沒有進入婚姻就被期待照顧原生家庭的長輩，進入婚姻後就被期待成為公婆甚至是整個夫家長輩的照顧者（藍佩嘉，2009；利翠珊、張妤玥，2010）[2,3]。

筆者曾於 2017 年領導研究團隊利用電腦輔助電話訪問系統（Computer-Assisted Telephone Interviewing System, CATI），隨機抽取設籍臺北市的 15 到 65 歲國民進行電話訪談，最終共有 532 名家中有幼兒或長者照顧需求的參與者。其中 61% 為女性，年齡中位數落在 46 到 50 歲區間。也就是說，有超過六成的家庭由女性負擔主要照顧責任，其中也有很多是照顧者未投入職場而全職照顧家人的狀況。另外

---

2. 藍佩嘉（2009）。照護工作：文化觀點的考察。社會科學論叢，3（2），25-35。
3. 利翠珊、張妤玥（2010）。代間照顧關係：台灣都會地區成年子女的質性訪談研究。中華心理衛生學刊，23（1），9-124。

約有兩成由男性負擔、兩成由男女共同負擔。如此「性別化照顧」的處境，使得女性面臨極大的照顧壓力。其中有許多的家庭甚至需要同時照顧幼兒與年長者，這種「雙重照顧」的重擔更使得女性分身乏術。就算是 30、40 歲的年輕世代，家中仍然是由女性負責主要的照顧任務。可見「女性＝照顧者」的狀況並未隨著時代改變，依然是現在進行式。

● 傳統的家庭觀念是造成「性別化照顧」的主因

想要改善性別化照顧的狀況，我們就要直視其產生的原因。其中，孝道概念中「子女必須無條件照顧父母」的傳統家庭價值觀，就扮演十分關鍵的角色。我們發現，接受傳統家庭價值觀（如：照顧父母是天經地義的、不照顧父母是不孝的）的家庭，越容易有照顧性別化的現象。這也呼應過去研究的發現：儘管社會對於性別角色的態度逐漸開放，女性在公領域的地位逐漸提升，但是私領域中的家務勞動，並沒有從女性轉移到男性身上。家務分工的性別化現象依然普遍存在（張晉芬、李奕慧，2007）[4]。

有趣的是，我們發現，儘管大家普遍認為照顧父母是自己的責任，但對於媳婦是否應該照顧公婆，則較多持反對的立場。可見家庭與孝道的概念會隨著時間的改變，從過往涵蓋夫家的大家庭意識，轉變為限於自身父母的照顧責任。而照顧的意涵也可能從「不得不」奉養父母的義務，轉變為回報父母養育之恩的主動「選擇」（葉光輝，2009）[5]。也就是說，透過教育推廣與政策輔助，或許能夠逐漸改變社會對於家庭與照顧的傳統概念，進一步改善長期照顧者的處境。

---

[4] 張晉芬、李奕慧（2007）。「女人的家事」、「男人的家事」：家事分工性別化的持續與解釋。人文及社會科學集刊，**19**（2），203-229。
[5] 葉光輝（2009）。華人孝道雙元模型研究的回顧與前瞻。本土心理學研究，**32**，101-148。

邁向納入「性別觀點」的公共長照政策

多數臺灣人都能夠認同照護公共化的理念，但面對自身家庭的照顧安排時，往往會面臨文化與家族情感的權衡。面對長期照顧的壓力，儘管受訪者普遍認為自己有長期照顧的責任，但多數人認為國家也須提供相對應的支持，並對於長照政策有所期待。他們希望藉由國家力量的介入，能夠減輕家庭的照顧負擔，像是提供更多的公共照護機構，且讓所有人都可以使用到基本的照顧服務。因此，如何在家庭價值觀與照顧公共化的目標之間取得平衡，將是未來必須面對的重要課題。

此外，我們檢視現行的「長期照顧服務法」後，發現其缺乏「性別觀點」的考量。雖然該法納入「照顧者」的支持服務（如喘息服務），卻沒有觸及如何改善性別化照顧的現象，進而讓不同性別的人共同分擔照顧工作。確實，近年來有越來越多男性請育嬰假在家照顧小孩；新冠疫情也可能讓更多在家工作的父親參與家務勞動。因此，「女性＝照顧者」的性別刻板印象是否有鬆動的趨勢，是未來值得關注的重點，也是未來照顧政策必須努力的目標。唯有去除只有女人才是「照顧者」的刻板印象，看見房間裡的大象，才能有效處理高齡化臺灣社會中的長期困境。

哇！原來這是性別與科技！？

8 法律與多元族群權益

從法院到教室──八個改變臺灣婦女與 LGBT 權利的法律訴訟

陳宜倩 · 世新大學性別研究所教授

| 關於此文

　　這篇文章介紹了由世新大學性別研究所陳宜倩教授所主持的科技部 105 年度性別與科技研究計畫「從法院到教室：八個改變臺灣的婦女與 LGBT 法律訴訟」之研究成果。

● 女人當總統了，然後呢？

　　2016 年 5 月 20 日蔡英文女士成為臺灣歷史上第一位女性總統[1]。由於她不是某政治家的太太或女兒，這與其他亞洲國家的女性領導人崛起路線不同，因而國際媒體大幅報導，很好奇這個獨自屹立在太平洋的島國是怎麼做到的、如何成為今日這個樣貌。我也想知道，臺灣真是性別平等的國家嗎？在歧視女性的法律修正後，性別平等了嗎？法律究竟改變了什麼？

　　我挑選了八個改變臺灣婦女與 LGBT（Lesbian, Gay, Bisexual ,Transgender：女同志、男同志、雙性戀、跨性別）權利的法律案件，將之編寫為教學案例，希望把不同性別樣貌的人生故事（包括他們的苦

[1.] 作者於擔任婦女新知基金會董事長時正逢總統大選期間，新知針對各黨總統人選依循往例提問性別相關政策，請參考曾昭媛、陳宜倩（2015 年 12 月 19 日），女人當總統，然後呢？取自
https://www.awakening.org.tw/publication-content/4525

痛與尋求解藥的過程）帶到教室中，刺激同學討論。透過案例，我們一方面學習臺灣的法律規範與司法體系運作機制，另一方面跨越傳統法律領域（包括憲法、民法、刑法、行政法各法領域），不受其侷限，挖掘法律規範內建的「異性戀」且「男性至上」價值，思索改變預設值之行動策略。

同時，將八個案例放在一起進行分析，閱讀苦主們「孤獨但燦爛」的勵志故事，亦將幫助我們理解臺灣法律中「男女」意義之侷限與逐漸擴展，以及後來「性別」意涵之轉化，進而看見權力有差異的主體們爭取權利並展現多元面貌的軌跡。

● 法律案件「說故事」：不只是媽媽、太太或女兒

女性向來被期待當個好媽媽、好太太。而婦女運動企圖改變人們對於女性「能做什麼」與「不能做什麼」的刻板印象，以重構女性主體性。在八個案例中，首先是兩位媽媽向大法官聲請（質問）：民法中父母對於子女重大權利事項意見不一時，「爸爸說了算」的規定合乎憲法嗎[2]？後來大法官釋字第 365 號解釋宣告此規定違憲。接著，有人妻挑戰民法夫之住所為婚姻住所的規定[3]不就是俗諺「嫁雞隨雞、嫁狗隨狗」？還有一位女性以女兒角色挑戰「嫁出去的女兒，潑出去的水」化身在行政院退輔會行政要點中的規定[4]，提問為什麼嫁出去的女兒不能繼承土地與眷舍、但結了婚的兒子卻可以？

---

[2] 司法院大法官釋字第 365 號宣告民法此規定，父母針對民法關於未成年子女重大事項權利行使，意見不一致時，以父親意見為意見，違反憲法第 7 條人民無分男女在法律上一律平等，此條文限期失效。梁秋蓉的故事。

[3] 司法院大法官釋字第 452 號。

[4] 司法院大法官釋字第 457 號。當時行政院國軍退除役官兵輔導委員會發布之「本會各農場有眷屬員就醫、就養或死亡開缺後房舍土地處理要點」第四點第三項規定，「死亡場員之遺眷如改嫁他人而無子女者或僅有女兒，其女兒出嫁後均應無條件收回土地及眷舍，如有兒子准由兒子繼承其權利」。藍月碧的故事。

這三個案例一起挑戰了臺灣主流社會的集體偏見。在臺灣，女人被要求成為母親、妻子、乖女兒（或媳婦），但卻沒有相對應的權利，因此在日常生活有許多受苦經驗。她們挺身而出控訴法律規定本身就是不公平，讓人們逐漸理解，法律一直以來都明白地偏愛作為父親、丈夫、兒子的男人，毫不隱藏。

在大法官回應指出這些規定違反男女平等、命立法者限期修正法律後，女人的命終於不再像油麻菜籽。過去女人必須仰賴是否遇見良人來決定一生幸福；而現在女人終於成為受到憲法保障的國民。女人本就應該是男人的生活夥伴，而不是男人身後的「賤內」、步兵（有些「一家之主」在家好像在帶兵）或地板（男人為天）。

● 法律案件「說故事」：不只是花瓶、便利貼

除了在傳統上被認為是女人最終歸宿的家庭外，女人在「學校」與「職場」的處境又是如何呢？在職場、學校，女性也想要成為「同事」，或是老師心目中有潛力成就功業的學生，而不是常被忽略的花瓶或者便利貼。八個案例中亦有懷抱夢想但因事與願違而受了傷的女性，與婦女團體合作，透過訴訟主張自己的平等就學與工作權利。例如，受到醫師性騷擾的女護士成功主張職場性騷擾，後來獲得民事賠償[5]。而受到老師性騷擾的女學生成功爭取其就學權益[6]，促使教育部訂定大專院校性騷擾防治準則，並分別逐步推動「性別工作平等法」與「性別平等教育法」立法通過，以更積極地促進職場與學校的性別友善環境。

臺灣傳統社會遵循「男女有別，男尊女卑」古訓，舊有的法律體系也反映了這個立場。而文化與法律兩者交互作用，不論女人擔任什麼樣

[5.] 長庚醫院女性護士成功對於男性醫師性騷擾求償。
[6.] 臺北科技大學女學生申訴男教師性騷擾案件。參見玫瑰的戰爭紀錄片。

的角色（母親、女兒、妻子、學生、勞工等），相較於男性，在各個生活領域的權利都打了折而受到限制。這即是女性主義者所謂的「父權」法律體系。看來這樣的法律體系並沒有能力「改過自新」而是要受傷的女人們一一前去叩問，才在壓力下不甘願地這裡改一點，那裡改一點。

● 從「男女」平等到「性別」平等

社會主流的性別二元規範強調男女有別，且「重男輕女」。人們對於性別的認識，來自於生殖導向的男女二元概念。故法律規範中所展現的男與女，指的是生理性別（sex）的男與女，並沒有包含生理性別之外其他面向的意義。但是，「女人要有女人的樣子」這種期待中的女性樣貌並不是寫在基因裡，而是透過社會化或者學習與每天練習而成的。「女人的樣子」這樣的說法已包含了「社會性別」（gender）或者每個人根據自己性別認同之外展外顯的「性別表現」（gender expression）。

當我們說「男人」、「女人」、「男人的」、「女人的」，指的是什麼意思？是指具有男女性生殖器官的外顯性徵？還是為人處世的形象特質？人們也常說「真正的」女人溫柔纖細、長髮飄逸、體貼、愛男人；「真正的」男人則堅強剛毅、短髮俐落、負責認真、愛女人。難道「性別」還內建了情慾愛慕對象是誰？主流社會存在評斷男女的獨斷看法，認為「生理性別」、「社會性別」、「性別表現」、「性傾向」、「性別認同」五合一，而且就是身分證上的「法定性別」（參見表 1）。

表 1 男女二元性別規範（本研究製圖）

俗稱	生理性別	社會性別	性別表現	性傾向	性別認同	法定性別
女	女	女	女	喜男	女	女
男	男	男	男	喜女	男	男

　　社會上只要有人不符合上述標準，就容易遭受異樣眼光、性（別）騷擾或性霸凌，無法享受平等權利，例如聲音或個性被質疑「不像男性」、男性愛上男性、出生為男兒身卻認為自己是女性等情形。而透過當事人活生生血淋淋的傷心故事，社會倡議促成的「性別工作平等法」與「性別平等教育法」中，也將「性傾向」與「性別認同」明文列為不得歧視的基準，不論在學校或職場皆然。目前臺灣已有相關案例：具有陰柔氣質的男孩死在校園裡 [7]（性別表現）；兩位跨性別者的婚姻受到國家的質疑 [8]（性別認同）；同性伴侶不能登記結婚（性傾向）。在這些案例中，當事人因為某一特定性別面向不符主流標準而權利受損，有的最後獲得法院訴訟勝訴，有的則是經立法者肯認而通過立法規範。臺灣法律發展到此階段，「男女有別」受到根本的挑戰。

　　接下來，也是最困難的問題：這世界上真的只有男性與女性嗎？會不會有其他的可能性？雙性人的基本權利呢？我們究竟應該如何看待性別？它應像是人類眼睛的顏色（不可改變）、協助人類生活起居的義肢（可以與原先的身體結合協力）、或者我們每天選擇的裝扮（身外之物但是對每個人有獨特意義）？我們是否應該在出生登記上創造第三種可能性，讓所有無法被男女定義的人們都有自我肯定的可能？這八個改變臺灣婦女與 LGBT 權利之法律訴訟案件，累積起來可能已經指引臺灣一個明確的方向。

---

7. 參考臺灣高等法院高雄分院，95 年上更（二）字第 169 號判決。最終高等法院判處葉永鋕死亡當時學校的校長、總務主任、庶務組長等，因過失致人於死（分別是五個月、四個月及三個月有期徒刑），而不是以業務過失致人於死被判決。關於此判決與性別的關係，請參考陳惠馨（2006），葉永鋕案與性別的關係──一個法律人的觀點，收錄於蘇芊玲、蕭昭君主編，擁抱玫瑰少年（頁 60-69），臺北市：女書文化。
8. 參考立法委員鄭麗君新聞稿（2013 年 8 月 7 日），內政部承認吳伊婷及吳芷儀跨性婚姻合法，取自 https://www.ly.gov.tw/Pages/Detail.aspx?nodeid=12362&pid=159968。

當女性按下生育暫停鍵
——自主冷凍卵子的正當性

林昀嫻 · 國立清華大學科技法律研究所副教授

| 關於此文

　　這篇文章介紹了由國立清華大學科技法律研究所林昀嫻副教授所主持的科技部 103 年度性別與科技研究計畫「非醫療因素冷凍卵子之法律與生命倫理議題研究」之研究成果。本文摘錄並改寫自新加坡國立大學所出版之英文期刊論文 Capps, B., Lin, Y. H., & Chuna, T.C. (2004). An ethical analysis of human elective egg freezing (人類卵子冷凍保存之倫理學分析)，*Asian Bioethics Review, 6(5),1-64.*

● 凍卵可以促進女性的生育自主嗎？

　　新聞盛傳臺灣第一名模林志玲曾於數年前「凍卵」的消息[1]。其實冷凍卵子技術對工作忙碌的女星而言並不陌生，如張本渝、阿 Sa 皆為「自主冷凍卵子」之例。冷凍精子或卵子技術在早期乃是基於醫療目的，例如接受化療或放射治療的患者為避免其生殖細胞受到療程所用之藥物或放射線的負面影響，故加以採用；晚近則有越來越多女性純粹基於個人生涯規劃，希望能趁年輕冷凍自身卵子以供將來使用。因此，「自主冷凍卵子」可望提供女性全新的生育自主實踐方式，而這項科技的正當性即為本研究的重點。

---

[1] 陳昱翰（2019 年 6 月 21 日）。《周刊王》揭高齡產婦坎坷路！林志玲凍卵 **9** 顆 生子率 **2** 成。中國時報。取自
https://www.chinatimes.com/newspapers/20190621001645-260112?chdtv

本研究的源起在於，當科技允許，有經濟能力的女性莫不對凍卵趨之若鶩；然而，使用冷凍卵子技術有哪些顧慮？冷凍卵子真能促進女性的生育自主嗎？本文將針對自主冷凍卵子所面臨的倫理與法律議題加以分析。

● 為卵子「凍齡」

「冷凍卵子」技術 (Harrison et al., 2007)[2] 是先以取卵手術將女性卵子取出後，在攝氏零下 196 度或以下的深低溫條件保存女性的卵子。女性一生擁有的卵子數量於出生時就已決定，隨著年齡增加，卵子的數目及品質都會逐漸下降；而染色體異常率會逐漸上升，更年期後更是明顯。根據國健署統計，35 歲以後，懷孕率與生育成功率會隨著女性年齡增加而下降[3]，而卵子品質是最主要的影響因素。因此，若女性使用冷凍卵子技術提前將卵子取出後保存，即使開始生育計畫時已超過 35 歲，仍然可以使用年輕時的健康卵子，而可望獲得較高的懷孕率與活產率。

● 冷凍卵子的顧慮：商品化與合法性

然而，當冷凍卵子被商品化與商業化，很可能造成人性尊嚴的一大衝擊。當部分醫療技術偏離了原本治療疾病之目的，轉化為一種服務，患者則搖身一變而成了消費者。由於促進排卵的藥物、取卵手術以及凍卵保存的價格並不便宜，會造成只有資產階級才能負擔的情況。目前我國的人工生殖法只准許無償捐贈精卵；然而，若在允許買賣卵子的國家，卵子提供者的外貌、智商、種族等條件很可能變成商機，待價而沽。在

[2.] Harrison, K. L., Lane, M. T., Osborn, J. C., Kirby, C. A., Jeffrey, R., Esler, J. H., & Molloy, D. (2007). Oocyte cryopreservation as an adjunct to the assisted reproductive technologies. *The Medical Journal of Australia, 186*(7), 379. https://doi.org/10.5694/j.1326-5377.2007.tb00946.x

[3.] 「送子鳥生殖中心」官方網站。網址：
https://www.e-stork.com.tw/page/cryo_ovum

商業利益的推波助瀾下，這將對人性尊嚴造成衝擊。

除此之外，在法律議題上，即使女性能克服經濟因素而成功地冷凍卵子，也並不表示一定能夠合法將卵子合成胚胎並植入子宮。我國「人工生殖法」第 11 條規定了相關資格限制，僅有符合特定情形的「已婚夫妻」才得以由醫療機構實施人工生殖；同性配偶及單身者並不在合法實施人工生殖的範圍內。換句話說，女性在成功凍卵後，還必須與一名男性合法結婚，才能進一步使用卵子合成胚胎，並進行人工生殖。足見光是冷凍卵子，目前仍然不足以保障女性的生育自主。

冷凍卵子的正當性：倫理面向

關於冷凍卵子的正當性，在倫理面向可分為科學、道德與社會等三層面來分析。就科學層面而言，由於有「卵巢過度刺激症候群」和「因取卵手術需要麻醉而可能造成感染」之健康風險，在考量醫療安全性以及受術成效之下，研究發現，冷凍相對年輕者的卵子是較為可行的。在道德層面，卵子冷凍雖然不一定能改變社會中性別不平等之情形，但卻能使女性擁有選擇權。她們可以基於人生欲追求的目標、對自我的定位，而得以規劃在適當的生涯階段成為母親，成就生育的自主。最後在社會層面，當個人的生育選擇成為一種社會趨勢時，會廣泛影響到人口政策以及社會文化，包括典型家庭圖像轉變、母職不再符合傳統想像、醫療消費主義化等。本研究認為，雖然無法確定容許卵子冷凍的政策會帶來何種結果，但應能使女性更可能兼顧生育下一代與追求自我實現的目標。

冷凍卵子的正當性：法律面向

在人工生殖法律議題上，不同國家對於冷凍卵子的政策寬嚴程度不一，對年齡與資格的限制都有所不同。以英國為例，符合人類受精及胚

胎學管理局（Human Fertilization and Embryology Authority）設定之標準並領有執照的診所可以進行卵子冷凍。他們不但允許單身女性接受試管嬰兒術（in vitro fertilization, IVF）等人工生殖醫療，也允許 35 歲以下女性透過捐贈一部分卵子給其他受術者，以換取免費儲存剩餘卵子的服務。然而，一些國家並非如此，例如新加坡之人工生殖技術只能施行於已婚且不超過 45 歲之婦女，並須得到其丈夫之同意。此與我國現行法制類似，即冷凍卵子本身雖為合法，但單身者仍無法透過 IVF 使用捐贈的精子來生育子女。在全球化下，各國規範的差異將可能讓人民選擇到規範較寬鬆的國家接受人工生殖服務，進而產生國際私法上規範衝突的問題。

● 讓自主冷凍卵子促進女性生育自主

讀了前文的分析，您贊同女性在年輕時冷凍卵子嗎？透過倫理面與法律面的探索，本研究認為，法律與政策應該適時介入規範冷凍卵子技術，醫療人員更應該實踐充分的告知同意（informed consent）程序。美國生殖醫學會（American Society for Reproductive Medicine）即建議，醫療人員應該在受術者冷凍卵子之前，讓她們清楚了解取卵的風險、活產率等數據以及相關費用，甚至是未來若欲終止冷凍卵子服務，該卵子將如何處置等資訊。而在我國人工生殖法的規範下，更應加入須為「已婚夫妻」才能使用冷凍卵以實施人工生殖的告知事項。充分的告知乃是醫療自主的基石。

本研究建議，我們應該透過專家諮詢機制，確保女性在冷凍卵子之前即充分了解法律、社會及醫學上的利益、潛在風險和技術的侷限，讓女性在按下生育暫停鍵的時候能做出深思熟慮的決定。

代孕法制化的審議
需要更多的女性發聲！

賴國瑛 · 國立政治大學社會學系碩士班學生

| 關於此文

　　這篇文章介紹並改寫自國立清華大學科技法律研究所林昀嫻副教授所主持的科技部 102 年度性別與科技研究計畫「代孕制度公民審議會議：生育自由、身體自主與性別影響」之研究成果。本文經計畫主持人同意由作者撰稿。

　　在電影「寶貝媽媽」（Baby Mama）中，事業有成的女強人凱特因為子宮缺陷，透過代孕機構雇用安琪當代理孕母。一向處事嚴謹的凱特，很快就和安琪隨心所欲的個性產生衝突。為了生出健康的寶寶，凱特不僅嚴格規定安琪在代孕期間的飲食，還試圖干預她原本不健康的生活方式。但在現實生活中，委託人真能如此限制代孕者的行為嗎？其他問題還有：委託人應該與代孕者見面嗎？代孕的報酬應如何計算？代孕者能否反悔不交出嬰兒？委託人如何確定代孕者所生的嬰兒真的是自己的子女？若不幸終止懷孕或生出有殘缺的嬰兒，委託人和代孕者該如何因應？

● 代理孕母的爭議

　　由於代孕技術牽扯到種種複雜的問題，目前在臺灣代孕法制化仍充滿重重困難，其所衍生的法律、社會和倫理等問題，使政府不願輕易開放此項技術。法律上，代孕挑戰民法既有對親子關係的認定，究竟是以

代孕夫妻還是委託夫妻為法定父母親才符合子女最佳利益，社會仍尚未達成共識；社會上，有些人擔心低社經地位的女性可能會被高社經地位的夫妻剝削，且使女性子宮被物化為生孩子的工具；倫理上，代孕可能違反人性尊嚴，使嬰兒成為可被交易的商品，貶低其作為人的價值。基於這些理由，即使代孕技術至今已發展到相當純熟，國內仍有許多人反對讓代孕技術上路。

以公民會議來討論代孕法制化合理嗎？

為了釐清代孕法制化的疑慮，2004 年和 2012 年，衛生署（現為衛福部）委託台大社會系舉辦公民（審議）會議，一方面藉此機會讓政府聽見公民的需求，另一方面則期望透過理性溝通，使公民對該議題逐步形成共識。公民會議是以哈伯馬斯（Jürgen Habermas）的溝通行動理論和理想言說情境為基礎，預設每個經過分層抽樣挑選出來的參與者對議題皆具備充足的資訊，能互相尊重彼此意見，平等地發言，理性地溝通，最後達成符合共善的共識。

2004 年公民會議的共識是「有條件開放代理孕母」。然而，由於在關鍵議題上仍存有爭議，因此根據前次會議的共識，2012 年再度召開公民審議會議，達成三項共識：第一，應開放委託者同時提供精卵或其中之一的代孕；第二，國家應積極介入，以保障委託人、代孕者及胎兒的權益；第三，代孕應為無償的利他行為，委託人可補償代孕者必要費用。兩次公民會議確實影響代孕政策的制定，例如於 2005 年和 2012 年，衛生署分別參考會議共識推出相關的立法草案。不過，代孕法制化是高度性別化的議題，讓不少學者質疑：以公民會議的形式來討論是否恰當？

公民會議對女性參與者的限制

清華大學科技法律研究所林昀嫺副教授 2014 年的研究指出，由於

女性經常是人工生殖技術的受術主體，因此女性中特別是不孕女性的聲音應該要確保能被社會聽見，但是依據哈伯馬斯的理論所預設的公民審議環境，卻是不利於女性的。哈伯馬斯所強調的「理性溝通」忽略女性受限於社會不平等，不如男性有能力論述自己的想法，也忽視社會上的厭女文化和性別歧視如何阻礙女性發表意見。再者，哈伯馬斯的「共善」以傳統父權社會下的男性利益為核心，使得據此形成的共識可能排擠女性和其他弱勢成員的利益。而拉高到政治參與的層面來說，女性有其獨有參與政治的方式，強調一種「照護的倫理」，不同於審議民主代表的「正義的倫理」。

● 女性發聲：尊重更多元的女性聲音！

為了解決女性在公民會議中的困境，林昀嫻認為，審議設計應帶入更多性別視角（gendered viewpoints）。具體而言，林昀嫻觀察到不孕婦女在代孕法制化的審議中積極參與的角色，因此認為審議設計應確保不同身份女性參與的配額（quotas），特別是不孕婦女及代孕者，確保她們的意見能被審慎考慮。

公民會議賦予每個人平等的管道參與公共事務，但因為制度設計本身的限制，未必適合討論代孕法制化如此性別化的議題。除了實質討論代孕技術在法律、社會和倫理上對社會可能產生的衝擊之外，會議參與者的性別也是會議前必須考量的重要因素，必須透過納入多元背景的女性參與審議，讓她們的心聲被聆聽和重視。我們也能期待，當其他參與者聽見更多從女性視角出發的觀點和生命經驗，能激發出對代孕法制化更豐富的想像。

初探異性戀者投入同志平權運動的經驗及其脈絡

王大維 · 國立屏東大學教育心理與輔導學系助理教授

關於此文

這篇文章介紹了由國立屏東大學教育心理與輔導學系王大維助理教授所主持的科技部 105 年度性別與科技研究計畫「大學校園異性戀盟友的認同發展與實踐」之研究成果。

● 促進校園中的同志平權

2019 年臺灣同性婚姻合法化，此舉將「同志」（Lesbian, Gay, Bisexual, Transgender, LGBT）平權運動帶到新的里程碑。然而，社會上對於同志的偏見與歧視仍普遍存在。追根究底，同志權益無法提升的原因不在於同志不夠努力爭取，而是在於社會中的多數－許多異性戀者對於性少數缺乏了解與接觸，進而產生偏見與歧視（Herek, 2000）[1]。因此，需要改變的是異性戀者。

我國「性別平等教育法」施行細則第 13 條明文規定「性別平等教育相關課程，應涵蓋情感教育、性教育、認識及尊重不同性別、性別特徵、性別特質、性別認同、性傾向教育，及性侵害、性騷擾、性霸凌防治教育等課程，以提升學生之性別平等意識」。且亦有研究發現，實施

[1] Herek, G. M. (2000). The psychology of sexual prejudice. *Current Directions in Psychological Science, 9*(1), 19-22. https://doi.org/10.1111/1467-8721.00051

認識及尊重同志的教育課程，可提升學生對於同志的接受度（張德勝、游家盛，2012）[2]。而身為社會中的主流／強勢族群，異性戀者享有更多特權，因此光是尊重與接納同志可能還不夠，若能致力於參與同志平權的行動，真正的平等才可能實現。

● 跟同志站在同一國的「異性戀盟友」

國內外社會一直都有一群異性戀者非常積極參與同志平權行動來改善同志生活困境。他們投入的原因並不是為了自己的利益，而是屬於利他（altruistic）導向的。他們無懼被貼上同志的標籤，願意與同志站在一起並幫他們發聲，制止他人的壓迫。我們稱這些人為「異性戀盟友」（heterosexual/straight allies，臺灣常取其英文字 straight 的字面意涵，以「直同志」來做為口語化的稱呼）。Washington 與 Evans（1991）[3]將「盟友」定義為「屬於『強勢』或『多數』群體成員身份的個人，經由對受壓迫族群提供支持或與（替）他們倡議等方式，致力於在他或她的個人與專業生活中終止壓迫」（p.195）。異性戀盟友也是一種認同，是需要現身與肯認的（林瑋豐，2011）[4]，而且是一種意識覺醒與行動的歷程（Ji, 2007）[5]。然而，臺灣對於這些異性戀盟友參與同志平權行動的經驗尚不是非常了解。促使他們願意做這些行動的因素究竟是什麼？此為本研究的原始動機。

---

[2] 張德勝、游家盛（2012）。對大學生實施同志教育課程成效之研究。臺東大學教育學報，**23**（2），63-94。

[3] Washington, J., & Evans, N. J. (1991). Becoming an ally. In N. J. Evans & V. A. Wall (Eds.), *Beyond tolerance: Gays, lesbians, and bisexuals on campus* (pp. 195-204). Alexandria, VA: American College Personnel Association.

[4] 林瑋豐（2011 年 10 月 25 日）。異性戀，該你出櫃了！。立報。取自 http://www.lihpao.com/?action-viewnews-itemid-112063

[5] Ji, P. (2007). Being a heterosexual ally to the lesbian, gay, bisexual, and transgendered community: Reflections and development. *Journal of Gay & Lesbian Psychotherapy, 11*(3/4), 173-185. https://doi.org/10.1300/J236v11n03_10

● 異性戀盟友的實踐經驗

本研究招募 16 位（12 女、4 男）自我認同為異性戀者、且曾經或正在參與倡議支持 LGBT 族群的行動者，進行深度訪談。結果發現，這些異性戀盟友參與同志平權的實踐經驗包括：

- 教育他人改變對同志的觀念
- 參與同志遊行，並與他人分享經驗
- 參加小蜜蜂[6]街頭宣講
- 在網路社群網站發表支持同志文章與照片
- 在教室表明挺同立場
- 網路上與反同人士打筆戰
- 支持與陪伴因恐同言論或私人情感而受傷的同志
- 與教會中反同教友持續對話
- 自發性發起串連行動影響他人對婚姻平權持正面看法
- 在職場環境中顧及同志友善的細節
- 透過影像紀錄同志活動並進行公民報導
- 組織籌辦各項同志活動（如同志遊行）

我們可以發現，異性戀盟友實踐同志平權的場域及對象，觸及生活各種層面，與女性主義「個人即政治」（the personal is political）的精神不謀而合。有些實踐屬於巨觀（macro）層次；有些則聚焦個人情感層面的細微（micro）層次。

[6.] 即自願者至街頭、校園、車站等人潮聚集處宣講同志平權理念；內容包含提倡同志平權、觀念宣導或解答民眾疑惑等。

● 促發異性戀盟友投入同志平權的相關因素

進一步了解這些異性戀盟友為何願意投入上述活動後，本研究發現，每個人的背景與動機都不盡相同，大致有以下相關因素：

- 兒時／成長過程中正義感的產生
- 感同身受／可以感覺到同志的痛苦
- 從自己受壓迫的經驗覺察與反思
- 驚覺自己恐同／霸凌他人並感到懊悔
- 對同志的正常／正向態度
- 與同志友人的關係情誼
- 對於反同觀點深惡痛絕
- 學習環境中的正向氛圍與楷模
- 從課程、訓練與知識中增能
- 之前受領域與環境影響因而態度比較開放

有些人的倡議實踐很早就已埋下種子。這些早年經驗可能是正向、也可能是負向的（被傷害或傷害他人），而後者需要經過反思與轉化，才能使它成為正面力量。生活中接觸同志並有深刻的互動是關鍵，而教育訓練與知識也是促使行動的重要因素。更重要的是，這些人都能夠反思自己的生活處境，並將之與同志的困境連結，產生同理心，進而行動。例如一位有四個孩子的爸爸這麼說：

> 我很早就當爸爸……我很簡單，我其實是像爸爸這樣的角度去看。如果我的孩子…出生他沒有辦法選擇他的性別，他就是這樣子啊。如果他是我孩子，我會怎麼辦？我當然是要去保護他啊！

另一位女性則是發現自己身材外貌遭受歧視與同志的處境很類似，進而也更願意為同志發聲：

> 從小到大很多人攻擊我的點都是因為我很胖…當人家說「妳那麼胖，為什麼不去瘦下來。」的時候，我就會覺得我好像我沒有任何力氣可以為自己說話…所以很長一段時間是就是連我都很討厭我自己。然後當看到同志莫名其妙的被歧視、排擠，我就有一種好像也是在為我自己發聲的那種感覺，去保護他們。

● 小革命串起大運動

部分參與者喜歡「異性戀盟友」或「直同志」這個名稱，認為替自己找到一個身份，也感到驕傲；但也有人並不喜歡用它們來標籤自己，認為自己只是在做一件自認為是對的事。不過，他們都表示，參與同志平權運動對人生帶來正面影響，儘管也有一些遺憾（例如親友的不諒解），但他們都無悔於做這樣的決定。而這些理念也成為他們未來生涯規劃甚至是擇偶的考量因素。

令筆者印象深刻的是，有一位參與者是虔誠的基督徒，她原本對同志有些排斥，後來因男友的關係開始接觸同志朋友，進而了解他們所遭遇的困境。在 2015 年社會對於同性婚姻的激辯陷入對立時，她與不同觀點的教友努力對話，講到激動處還曾潸然淚下。她對於當時所屬教會的恐同氛圍感到失望，進而決定退出並另覓對同志較友善的教會。像這樣的小故事並不會被寫入同志平權的歷史中，但很可能正是因為這類散落在社會角落的個人小革命，集合起來發揮力量，才能讓社會逐漸邁向真正的同志平權。

臉書連起你和我
─新住民女性如何建立人際新網絡

林怡君 ‧ 嘉藥學校財團法人嘉南藥理大學資訊管理系副教授

關於此文

這篇文章介紹了由嘉藥學校財團法人嘉南藥理大學資訊管理系林怡君副教授所主持的科技部 101 年度性別與科技研究計畫「探討越南籍婚配移民女性如何以社交媒體建立其在地之人際網絡：線上與線下的連結」之研究成果。

● 新住民的新生活挑戰

新住民早已是組成臺灣多元社會的重要部分。要說臺灣最美的風景是人，就不能忽視新住民為臺灣社會帶來的不同氣象。但初來乍到的新住民們要如何融入臺灣社會，在新國度中找到安身立命的生活型態？尤其是以婚配關係來到臺灣的東南亞女性，除了文化和語言的不同外，還必須無縫接軌適應陌生的生活環境。假如沒有強而有力的資源扶持，她們肯定必須經歷一番挑戰。

經過與越南籍婚配新住民女性訪談後，我們才發覺，原來使用網路和社群媒體能讓這群備受挑戰的新住民們找到連結彼此、互相扶持的平台，並在此空間傳遞資訊、情感和分享生活。這不僅串起新住民遠在家鄉的支持、織出新國度中線上線下的人際網絡，也讓新住民女性展現滿滿的生命力與韌性。

在科技部的支持下，我們開始探索新住民女性在台的生活樣貌。透

過參與新住民電腦課程，我們有幸認識多位對資訊科技有興趣的越籍新住民女性，並在她們的引介之下，陸續以滾雪球的方式與其他新住民建立連結。

社群網路成為新住民融入新生活的法寶

在研究進行的兩年期間，我們不只參與受訪者們的多元文化推廣、慶生會、紀念日等活動，甚至會到其姊妹家中拜訪，幫忙解決電腦問題；也逐步在社群網站臉書（Facebook）上互加為朋友，為彼此「按讚」、留言討論或者在私人訊息中聊天。在這樣的互動當中，我們得以了解姊妹們在生活中使用電腦的情況以及觀察社群內成員的互動，這些都有助於勾勒出新住民利用資訊科技融入新國度的現況。

本研究也訪談 10 位越南籍婚姻移民女性。訪談皆以中文進行，並以錄音方式紀錄。受訪者都有使用電腦或網路的經驗，大多已使用 3 年以上。僅有 1 位受訪者是初學，接觸電腦不到 1 年。3 位在臺灣北部，1 位在東部，另外 6 位在南部。她們平均來台已有 10 年，大部分為高中畢業。來台 8 年到 12 年的玉華、阮雲與麗君則用自身經驗訴說了網路與社群媒體在新生活中發揮的重要功效。

家中電腦的帶入者

資訊科技在移民生活中扮演重要角色，對其移民前的策略安排，及移民後的社會融入都有所影響。在不同的移民階段，他們也有不同的資訊行為（Komito & Bates, 2009; Hiller & Franz, 2004）[1,2]。部分新住民

[1.] Komito, L., & Bates, J. (2009). Virtually local: Social media and community among Polish nationals in Dublin. *Aslib Proceedings, 61*, 232-244.
[2.] Hiller, H. H., & Franz, T. M. (2004). New ties, old ties, and lost ties: The use of the internet in diaspora. *New Media and Society, 6*(6), 731-752.

的夫家因社經地位、年齡差距等因素,通常不是電腦網路的高使用族群。若不是因為孩子或其他家人,通常家裡原本是沒有電腦的。但即便如此,新住民女性仍可以在走出家庭後,接觸、學習電腦,而成為「家中電腦的帶入者」。

例如受訪者玉華,她對自己的生活很有主張也有安排的權力,在不影響家庭的前提下,忙碌於各種關懷新移民、推廣多元文化的活動。她開始出去上課、當志工後,常常要用到電腦與人聯絡,因而不但學會了使用電腦,也在考量自身需求後,跟先生說必須添購電腦。她說:「我先生不太會用,但自己覺得說都會電腦了,回家有時候要找一些資料,或者跟爸爸媽媽那邊講話也比較省錢啊,用電腦跟視訊,那我先生說好。」

這除了顯示出移民本身具有能善用資訊科技的特性,更重要的是,這也代表她在家中握有一定程度的決定權。而這些身為家中資訊科技主要使用者的新住民女性,也翻轉了科技是專屬於男性的刻板印象。

● 通往家鄉的任意門

資訊科技作為「通往家鄉的任意門」有兩個意義。其一是接觸原鄉訊息,其二是接上與娘家、親友的連結。資訊全球化後,臺灣的新住民能看到自己國家的資訊,包含新聞、音樂,甚至是電視節目等。因此,電腦、網路等資訊科技的使用又代表了一種家鄉生活的延續。對歷經結婚、移民、為人母等人生重大轉變的新住民而言,這樣的延續帶有一種穩定的力量,同時也有認同意味。

像是受訪者秀婷就表示,「……會上去網路看,因為有一些越南新聞,奇摩雅虎也有越南的,會上去看一些服裝、明星、一些八卦,就是讓自己不要跟越南的新聞脫離太多」。

資訊科技一直是連結移民者與原鄉的重要工具。對遠嫁來台的婚姻移民來說，心中最掛念的就是越南的家人，與原鄉親友聯繫更是非常重要的慰藉。隨著科技轉移，用電腦視訊，不只能聽到彼此聲音，還能見到彼此身影。更重要的是，除了每月固定的網路費之外，她們不須額外付費。

在臺灣生活很不快樂的阮雲，覺得自己的朋友、家人和人生全都掉在越南了。因此，除了努力賺錢常常回去之外，使用資訊科技和家人、朋友聯繫，也讓她得以暫時回到美好過去。事實上，阮雲有了電腦以後，就開始常常用來和親友聯絡，接著更添購了智慧型手機。

● 編起新住民的社群網絡

社群網站的興起，提供了在臺灣的新住民一個能編織、串聯臺灣各地新移民社群的機會，彷彿建立起一個虛擬的越南國度。他們與同在臺灣的越南人在社群網路裡彼此社交、寒暄，混合使用著越文、中文，分享各地新移民的生活體驗和感觸。

受訪者麗君因為到學校上課交了許多朋友，她強調，特別是對「異鄉人」而言，交到好朋友非常重要。像她就有幾個情同姊妹的同鄉好友，除了線下面對面聯絡外，也透過社群網站維繫、分享她們的友誼。「從小一到現在（的朋友），Facebook 上有一個（相簿）啊，我們去吃飯的，都是我的好姊妹」。

麗君也因為在專門服務外籍配偶或移工的非營利組織上班，而負責經營組織的粉絲專頁。除了因此認識更多人，能分享彼此的生活之外，她也成了串聯臺灣各地新住民社群的節點之一。目前她的臉書上已經有1500多位好友了。

● 科技與社群媒體對新住民女性的賦權

　　對移民來說，新國度充滿了機會與挑戰。如何迅速無縫接軌融入，甚至主動掌握先機，對新住民來說都刻不容緩。然而，本研究當中的新住民女性勾勒出的是如何與夫家家庭這第一個社會網絡協商。她們跨越「家」的界線，利用資訊科技與社群媒體突破時間和空間的限制，各自發展出不同的辦法。而縮短適應在地社會時間的同時，她們亦於虛擬空間打造出屬於「同路人」的國度，巧妙地串起在台越南移民的社群網絡。

　　透過資訊科技與社群媒體的使用，除了維繫原鄉連結，新住民女性也因為此種社會網絡的維繫與擴張，獲得更多的情感支持、資訊交換及社群認同。而當網絡持續擴大，隨之而來的則是個人層面、團體層面等社會資本的獲得。此外，越南籍婚姻移民女性常是家中資訊科技的主要使用者，這顛倒了過去一般對性別與科技的想像。她們透過資訊科技將自身擁有的社會資本，轉化為提升自己在家中地位的力量。

國家圖書館出版品預行編目（CIP）資料

哇！原來這是性別與科技!? / 蔡麗玲主編 --
初版. -- 高雄市：巨流圖書股份有限公司，
2021.10
　　　面；　公分

ISBN 978-957-732-634-8（平裝）

1.性別平等　2.科技業

544.7　　　　　　　　　　　110016598

哇！原來這是性別與科技

主　　　編	蔡麗玲
助 理 編 輯	張雅涵、謝佳玟
責 任 編 輯	李麗娟
封 面 設 計	鐘珮瑄
發 行 人	楊曉華
總 編 輯	蔡國彬

出　　　版　巨流圖書股份有限公司
802019高雄市苓雅區五福一路57號2樓之2
電話：07-2265267
傳眞：07-2233073
e-mail: chuliu@liwen.com.tw
網址：http://www.liwen.com.tw

編 輯 部　100003臺北市中正區重慶南路一段57號10樓之12
電話：02-29229075
傳眞：02-29220464

郵 撥 帳 號　01002323 巨流圖書股份有限公司
購書專線　07-2265267轉236

法 律 顧 問　林廷隆律師
電話：02-29658212

出版登記證　局版台業字第1045號

ISBN 978-957-732-634-8（平裝）
初版一刷・2021 年 10 月　初版三刷・2024 年 5 月

定價：300 元